分享经济视角下旅游 P2P 住宿商业模式发展机理研究

刘佳杰　著

燕山大学出版社

·秦皇岛·

图书在版编目（CIP）数据

分享经济视角下旅游 P2P 住宿商业模式发展机理研究 / 刘佳杰著 .—秦皇岛：燕山大学出版社，2021.6

ISBN 978-7-5761-0034-1

Ⅰ . ①分… Ⅱ . ①刘… Ⅲ . ①旅馆－商业模式－研究－中国 Ⅳ . ① F719.2

中国版本图书馆 CIP 数据核字（2020）第 174449 号

分享经济视角下旅游 P2P 住宿商业模式发展机理研究

刘佳杰　著

出 版 人：陈　玉
责任编辑：唐　雷
封面设计：刘韦希
出版发行：燕山大学出版社 YANSHAN UNIVERSITY PRESS
地　　址：河北省秦皇岛市河北大街西段438号
邮政编码：066004
电　　话：0335-8387555
印　　刷：英格拉姆印刷(固安)有限公司
经　　销：全国新华书店

开　　本：700mm×1000mm 1/16　**印　　张：**12.25　**字　　数：**205千字
版　　次：2021年6月第1版　**印　　次：**2021年6月第1次印刷
书　　号：ISBN 978-7-5761-0034-1
定　　价：52.00元

前　　言

全球互联网正引领着新一轮的科技和产业革命，深刻改变着各国的经济社会发展形态和人民的生产生活方式。在此时代背景下，通过网络媒介利用闲置资源进行“分享”正逐渐改变着人们的生活。无处不在的分享行为，不断扩大的分享领域，促使分享经济应运而生。对于分享经济率先兴起的领域——旅游住宿业而言，分享经济已经深刻地改变了游客的住宿方式和消费习惯。在分享经济视角下，P2P 住宿商业模式迎合了消费者追求个性化体验、关注价格与产品功能等方面的需求，猛烈冲击着传统酒店业住宿的市场格局。在发展与竞争中，掌握影响游客住宿选择决定的内外部因素，以及游客行为意向的影响机制是 P2P 住宿商业模式发展的重要问题，也是本书的研究重点。

基于此背景，在梳理大量相关文献的基础上，本书遵循着从基本理论到实证研究的逻辑思路。首先，明晰了分享经济和 P2P 住宿商业模式的概念与内涵；其次，结合 ICT 理论、网络社会理论、破坏性创新理论、计划行为理论和 SOR 理论，以分享经济为视角，研究游客在选择 P2P 住宿行为意向过程中信任、感知风险和感知收益受到渠道相关因素、住宿相关因素以及个人和房东相关因素的影响机制，建立了分享经济视角下影响旅游 P2P 住宿商业模式发展的模型；最后，以中国北戴河旅游度假区为例对该模型进行了验证分析，全面揭示了游客更加倾向于选择 P2P 住宿商业模式而不是传统酒店的主要原因和机理。

本书是关于 P2P 住宿商业模式发展机理的系统性研究，揭示了分享经济下游客住宿类型选择过程中的影响机制，既为弥补目前关于 P2P 住宿商业模式理论研究的不足作出了一定程度上的贡献，又为后续相关研究提供了理论框架。同时，在实践上，根据分析结果也提出了发展建议及对传统酒店业的管理启示。

本书是河北省文化艺术科学规划和旅游研究项目（项目名称：健康中国背景下河北省乡村旅游附加值资源载入及开发策略；项目编号：HB21-YB029）与秦皇岛市社会科学发展研究课题（项目名称：秦皇岛康养旅游附加值资源载入及开发研究；项目编号：2021LX228）的研究成果之一。希望本书的研究成果能够给读者一些启迪，让有志于研究新兴旅游产业的学者、企业领导以及相关研究人员、政府管理部门相关人员能有所获益。

目　录

第 1 章　绪论

第 2 章　文献综述

第 3 章　研究方法及设计

第 4 章　模型与假设检验

第 5 章　研究结论与展望

第1章 绪 论

1.1 研究背景

全球互联网正引领着新一轮科技和产业革命，为经济社会发展带来了新的机遇，深刻改变着世界各国人民的生产生活方式，也对旅游业产生着战略性和全局性的影响。互联网能够深入旅游的“食、住、行、游、购、娱”所有环节中，不仅为旅游者提供了更加便捷高效的服务和体验，也促使旅游行业内各种要素企业在互联网快速发展的新形势下对其经营模式、管理模式进行变革。

中国互联网络信息中心（CNNIC）数据显示，2016 年中国网民规模达 6.88 亿，互联网普及率为 50.3%，信息消费规模达到 3.2 万亿元，在网上预订过机票、酒店、火车票或旅游度假产品的网民规模达到 2.6 亿。2018 年中国互联网络信息中心发布的《中国互联网络发展状况统计报告》显示，截至 2018 年 6 月，中国网民规模达到 8.02 亿人，这标志着我国互联网时代全面开启（高东，2018），互联网引发的旅游业全新变革已成为不可阻挡的时代潮流（杨德进、徐红，2016）。以互联网、通信技术为核心的信息技术已经引起了旅游业的一场革命，正在显著地改变着旅游业的经营、管理和运作模式。

互联网和通信技术对旅游业最深刻的影响在于通过互联网平台发布旅游信息和经销旅游产品，这也往往被认为是旅游企业技术创新的一个重要表现（杜文才、常颖，2015）。具体来说，一方面，互联网使得旅游供货商能以相对较低的成本直接向消费大众提供旅游产品和服务，在节省了部分营销宣传费用的同时也尽可能地精简了中间环节。另一方面，对于旅游消费者来说，互联网技术的发展不仅能够使信息变得更加透明，还能使消费者和其他旅游生产商和经销商互动。

依托高速发展的互联网和越来越成熟的移动支付终端，“互联网 + 分享资源”的商业模式逐渐兴起，它不仅全面颠覆了传统商业的发展模式，实现了消费者和供应者等角色间的不断转换，还逐渐改变了社会关系，为人们提供了一种全新的生活方式。移动互联网的兴起和大量的闲置资源塑造了分享经济，因其发展速度快、产业估值高等特点迎来无数创业者跟风，分别以个人闲置的房屋资源、车辆资源、个人时间、技能资源等分享的形式在全球范围逐渐兴起（赵嘉怡，2015）。无处不在的分享行为，不断扩大的分享领域，人们分享的内容已不再局限于文字、图片等一些虚拟资源，而是扩展到更多的个人消费实体资源，如：车辆、房屋、办公场地、劳动，甚至时间。这些消费观念和消费行为上的改变促使分享经济（Sharing Economy）这种崭新的商业模式应运而生并以强大的发展势头席卷全球。

随着分享经济的发展，学者们也越来越重视对它的研究，研究人员基于自身的学科背景已创造了不同的术语来捕捉分享经济的各种含义。本书作者在 EBSCOHost，Science Direct 和谷歌学术这三大最权威的在线数据库和搜索引擎上搜索包含“共享 / 分享经济”（Sharing Economy or Shared Economy）和“协同经济 / 消费”（Collaborative Consumption or Collaborative Economy）等文章标题、关键词和摘要，在最初的搜索阶段，共检索出 1026 篇 2010 年到 2018 年的学术文章。通过对这些文章的详细梳理，最终筛选出 636 篇以分享经济为研究对象的文章，并将其作为本书主要关注点之一，其中有 126 篇关注的是旅游和酒店领域。在文献梳理中，作者也发现目前分享经济的研究还处于整体层面，主要涉及三个领域：分享经济的商业模式及其影响、分享经济的实质和分享经济的可持续发展路径。

1.1.1 迅速增长的分享经济

分享行为是人类的一种表达自我满足、自我实现的本能。分享经济则是从 2008 年金融危机的废墟中逐渐浮现出来的一种基于互联网技术广泛应用背景下的更加充分有效地利用大量闲置资源的经济模式（Schor & Charles，2017）。分享经济强调消费者获取产品和服务价值的方式，由传统的基于所有权的购买和拥有转变为基于使用权的分享和获取（卢东、刘懿德、Lai、曾小桥，2018）。分享经济的支持者强调了平台和应用程序的能力，它的优点包括利用“未充分利用”的资产和更有效地使用资源，建立社会关系，通过人与人之间的经济联系，减少环境污染等方面（Cohen & Kietzmann，2014；Sperling，2015）。

事实上，分享经济的快速兴起除了上述金融危机背景下的客观社会经济运行衍生的商机外，还得益于新时代人们消费理念的变化。新时代，人们的消费理念已经发生了根本性的变化。从以前追求时尚和奢侈品、注重品牌效应日渐过渡到现在人们对内心满足感、地方传统特色、人与人之间纽带的崇尚（三浦展，2014）。人们的出行、旅游、集资、借款等一系列生活和工作方式也随之发生了显著的变化。

在现实中分享经济产业发展方面，欧美一些国家分享经济发展非常快，已经形成了 Uber、Kickstarter 和 Airbnb 这样的国际品牌。英国正在积极拓展这种颠覆性的商业模式，认为其可以使市场增加竞争，给消费者提供新产品和新体验（Hancock，2014）。英国商务部公布的数据显示，2014 年全球分享经济的总产值约为 90 亿英镑；而普华永道会计师事务所的预测表明，2025 年全球分享经济产值可达 2300 亿英镑（杨德进、徐红，2016），前景可观。在美国，分享经济也是创业的热门话题，Skift 2014 年报告中显示，分享经济是个广阔的市场，它不单通过价格沉淀优势吸引了广大工薪阶层消费者，又由于其新奇独特的体验性特点在高端消费群体中也颇受欢迎。它的发展深刻影响了酒店、铁路、航空（短途）、导游和目的地等产业，迫使广大行业中的原有企业不得不重新审视自身的竞争优势，改革原有经营模式，制定新的发展战略，推出新的产品与服务以求与之抗衡。

具体到我国研究语境下，中国作为世界上人口众多的国家之一，具有庞大的市场需求量，并且互联网基础条件较为成熟，2016 年参与分享经济活动的人数超过了 6 亿人（国家信息中心，2017），因而中国已经成为各行各业分享经济发展的熔炉。目前在国内盛行的分享平台种类很多，人们通过分享平台不仅仅是使用或者提供分享服务，还可以建立联系，目前在交通出行、房屋、餐饮、二手物品、资金、知识技能、办公空间等众多领域都涌现出了大量分享经济企业，典型的企业如 Uber、滴滴、Airbnb、小猪短租、途家网等（李立威、何勤，2018）。这些在线平台的出现也印证了中国市场已经成为发展分享经济的肥沃土壤。从分享经济的发展来看，中国旅游消费市场广阔，特别是旅游出行和住宿方面的分享经济产品异军突起，无论是在用户规模上、用户黏度上、企业盈利能力上，还是产品创新上都持续保持在领先水平，具有革新快速、响应用户需求精准、差异化水平较高的特征。

1.1.2 快速发展的旅游 P2P 住宿商业模式

作为分享经济发展领域之一的旅游住宿业通过对闲置资产使用权的交换改变了游客的消费习惯、出行方式、住宿形式和体验效应，进而形成了一种紧密连接游客需求与市场供给的旅游住宿业分享经济生态系统。该分享经济生态系统使游客借助分享平台获取相关信息，了解其他游客给予的评分和评论，甚至进行交流，并与提供闲置资源的旅游地居民直接接触，就某些问题和环节进行互动，完成交易，形成所谓 P2P 商业模式（P2P 是英文 Peer-to-Peer 的缩写，即“个人对个人”的交易）（Tussyadish，2016）。这种模式增加了旅游消费活动的社交性，体现了个体间分享、互助、交流的社会关系，有利于建立新型的主客关系，实现和谐旅游的发展目标。

从 2007 年以来，我国 P2P 平台发展度过了萌芽期（2006—2010）和扩张期（2011—2012），现今进入爆发期（2013 年至今）。在 2011 年年底，P2P 平台只有 200 余家，全年成交量仅 50 余亿元。而截至 2015 年年底，P2P 平台已增至 2595 家，相比 2014 年（1575 家）增长 65%，相比 2013 年（800 家）增长 442%；2015 年全年 P2P 平台投资额为 9823 亿元，相比 2014 年（2528 亿元）增长 289%，相比 2013 年（1058 亿元）增长 828%（郑扬扬，2016）。从以上数据可以看出，随着分享经济对社会生活的全面渗透，这种以按需服务、特色体验为特征的 P2P 商业模式在我国正以迅猛的速度向前发展并逐渐成为一种旅游时尚。

随着中国人经济条件的日益改善，人们对休闲的需求加大，对休闲的要求也越来越高。大多数国人具备了一定的旅行经验后，倾向于强烈追求个性化、定制化的自助游等旅游方式。正是这种旺盛的出游住宿需求，使得同样以个性化、特色化、非标准化为特征的 P2P 住宿商业模式日益受到市场上的认可和追捧。

最近许多研究表明，由于 P2P 住宿商业模式填补了传统酒店对于非标准及灵活住宿的空白，越来越多的旅游者开始选择 P2P 住宿而不是选择传统酒店住宿，这对传统酒店业的客房销售产生了巨大威胁。传统酒店业面临着来自 Airbnb 以及很多类似对手的激烈竞争，这些竞争对手使酒店意识到，任何个体只要有一间闲置私人房间，就都可以被视为酒店的潜在竞争者。为了继续生存，传统酒店必须有所创新，跟上时代的潮流和趋势。

事实上，短期租赁、延长住宿以及度假租赁都不是新概念，然而，P2P 住宿商业模式相较它们而言对消费者和供货商提供的便利程度及巨大的供应规模都是颠覆性的。主要表现在：首先，随着互联网和移动智能终端的广泛应用，P2P 住宿商业模式作为一种替代的住宿模式，正在引起旅游行为的变化。相对于传统的住宿，P2P 住宿商业模式有着明显的差异化、低成本、与当地小区保持充分的联系和拥有独特体验等优势使其备受欢迎。其次，P2P 住宿商业模式对当地居民、邻里关系和旅游目的地都起到了积极的建设作用，它也被认为创造了旅游的新时尚，正逐渐改变着游客的行为（Tussyadiah，2015）。再次，P2P 住宿的持续增长，影响了住宿业的竞争格局，经济型酒店直接参与了类似的市场竞争（Zervas，Proserpio & Byers，2014）。最后，它可以为当地经济创造更多的价值，为当地居民增加收入，因此也同样受到旅游目的地各方的关注（Geron，2012）。

1.2 研究意义

如今，中国正处于分享经济的浪潮之中，特别对于旅游住宿行业而言，分享经济的兴起使原有的产业链发生改变，对于旅游住宿产品的供应不再只是来自传统的酒店业，而是涌入了越来越多的个人分享其闲置房屋作为住宿接待设施，由此产生了 P2P 住宿商业模式。这种新兴的商业模式整合了可以替代传统旅游住宿接待设施的闲置资源，为旅游者提供了更为便捷的一站式住宿服务，在很大程度上冲击了传统旅游接待模式。加之它更加贴合旅游者追求特色化、个性化的新需求，因此受到世界各国的高度关注，它的强势趋势不容忽视。本书以中国北戴河旅游度假区这一 P2P 住宿商业模式的典型载体为例，探讨在分享经济视角下旅游 P2P 住宿商业模式发展机理及其影响发展的主要因素，具有比较重要的理论意义和现实意义。

1.2.1 理论意义

第一，旅游分享经济是近年来学术界讨论的热点，应运而生的 P2P 住宿商业模式是热门话题之一，但是目前学术界在这一领域还没有深入和系统性的研究。自从互联网经济兴起，技术所引发的一系列变革就令整个全球市场发生了深刻的改变（杜文才，2015）。作为优化社会资源分配的重要创新模式，分享经济在各国掀起了一股“分享”潮流。中国共产党十九大报告提出“坚定不移贯彻创新、协调、绿色、开放、共享的发展理念”，其中“共享”就直接呼应了分享经济的本质内涵（何烨，2017）。同样在学术界，分享经济及与其相关的旅游业分享经济、P2P 住宿商业模式也引起了广泛的讨论和持续的关注。对于中国市场，学术界对分享经济住宿业只有宏观研究，微观的深入探讨与研究较少，本书是对这一领域在中国市场中旅游消费者微观层面的尝试与突破。

第二，分享经济视角下 P2P 住宿商业模式作为一种新兴的商业模式，近年来发展很快，但是学术上探讨得还相对比较少，运用的理论还比较单一，亟待建立这一领域综合性的理论体系。ICT 理论、网络社会理论和破坏性创新理论于 20 世纪末提出以来一直应用于社会学和经济学等领域，本书引入 ICT 理论、网络社会理论和破坏性创新理论，并结合消费者行为学中的计划行为理论和 SOR 理论共同解决旅游学研究问题，在研究方法和研究理念上有着积极的意义和价值，是对相关理论的一种深化和拓展。

1.2.2 现实意义

本书探讨在分享经济快速发展的时代背景下，旅游者选择 P2P 住宿商业模式的过程机理，以期解释为何越来越多的旅游者在出游时倾向于选择 P2P 住宿而非传统酒店这一在住宿产业发展中存在的客观现象，因此具有较强的现实意义。具体来说，本书的现实意义主要体现在对经营者、对政策制定者、对宏观产业运行的三个层面上：

第一，对 P2P 住宿经营者而言，由于旅游消费者对 P2P 住宿商业模式真实的认知情况可能与 P2P 住宿经营者想象中的机制不尽相同，所以本书的研究结果不仅将有助于 P2P 住宿经营者更好地理解旅游消费者选择意向，还为 P2P 住宿的日常经营、营销、设计、决策提供依据。另一方面，对于传统酒店业的管理者来说，本书也将有助于他们提升对 P2P 住宿商业模式这一替代性竞争产品的内在特点的认知，以及解释现有市场份额分流至 P2P 住宿的原因。传统酒店业管理者可以从该书中获悉未来如何把握吸引消费者需求，从而为其赢得形势日益复杂激烈的市场竞争提供管理依据。

第二，对于我国政策制定者而言，面对分享经济这一发展态势迅猛的新兴商业模式，与市场蓬勃发展的现状形成鲜明对比的是政府部门对其引导与监管的明显滞后。尤其是对于旅游住宿产业来说，由于 P2P 住宿商业模式涉及范围广、经济带动强、安全隐患重、社会影响大，并且有可能波及整体旅游目的地形象，因此更加需要有关部门的介入监管。造成目前有关部门管理缺位局面的很大因素是由于目前尚缺乏科学的研究成果作为政策制定的参考，本书有望弥补这一缺憾，给政府及相关管理部门对 P2P 住宿商业模式的监督管理和规范经营秩序提供一定参考和借鉴。

第三，本书对摸清旅游住宿业市场整体发展规律，探析目前旅游住宿业整体竞争格局来说具有重要意义。虽然 P2P 住宿商业模式已经产生了一段时间，但是由于是新兴的商业模式，对传统酒店业的影响程度，如何整体营造公平的产业竞争环境，如何利用分享经济思维寻求产业创新的下一个增长点等问题都有待解决。本书可以为塑造新兴业态的竞争市场，释放经济发展新动能作出一定指导，因此具有较强的参考价值。

1.3 研究目的与内容

分享经济在全球的发展态势不容忽视，近些年来，它已经开始在旅游业中迅速生根成长。其中，P2P 住宿商业模式无疑是所有旅游分享经济产业细分中的发展热点。以国际住宿行业来看，高端酒店和早先高速扩张的经济型酒店现均已进入发展瓶颈期，增速放缓和产能过剩的现实在短期内难以有较大改观。与之相反，以 P2P 住宿商业模式为代表的非标准住宿业由于迎合了消费者追求个性化体验、关注服务质量和产品价格的需求，发展非常迅速，不断蚕食着原有酒店业的市场份额，猛烈冲击着住宿业原有的市场格局。

1.3.1 研究目的

目前，我国拥有庞大的闲置地产存量，将这些闲置个人不动产通过 P2P 住宿商业模式进行整合后作为旅游住宿产品提供给旅游者，不仅迎合了大众旅游时代人们日益高涨的出游需求，也为广大供应者个人闲置资产增值提供了良好渠道，P2P 住宿商业模式因此深受广大消费者和供应者的喜爱。因此旅游 P2P 住宿商业模式受到了学术和市场的广泛关注，它的发展机理，特别是游客的行为影响成了非常重要的议题。同时，旅游 P2P 住宿商业模式的发展对于已经处于强烈市场竞争态势下的传统酒店业来说无疑是雪上加霜。传统酒店业如何能够有效变危机为商机，学习利用分享经济的理念和方式推动整个住宿市场可持续发展，保持旺盛的生命力和持久的创新力，也是我国住宿产业急需解决的问题。

本书在分享经济视角下，以游客行为意向研究为切入点，深入研究游客选择

P2P 住宿商业模式行为的形成机制，挖掘游客选择行为形成的影响变量，探讨各个变量对行为的作用机理。本书的目标是：构建游客选择 P2P 住宿商业模式行为意向模型，寻找游客选择 P2P 住宿商业模式行为的理论解释；对游客选择 P2P 住宿商业模式行为意向模型进行实证研究，揭示游客选择行为的发生机理及其影响因素；对游客选择 P2P 住宿商业模式行为意向决定因素进行深入分析，探讨各个因素的外在影响，以及其如何影响行为意向的形成；对是否因游客个人因素不同导致选择 P2P 住宿商业模式行为意向存在差异性进行分析；根据研究结果，提出 P2P 住宿商业模式发展建议及对传统酒店业的启示。

为了使研究更具有市场和行业价值，本书的研究对象为酒店顾客，旨在针对酒店顾客选择 P2P 住宿商业模式的认知进行全面研究，特别是试图揭示旅行中酒店客户的认知机理，探讨酒店客户的认知如何影响酒店顾客将 P2P 住宿商业模式用于未来住宿的意图。目前，学术界和业界都高度关注这一领域，虽然当前还没有直接数据可用来说明酒店管理者把当前 P2P 住宿商业模式作为新的竞争对手，制定相应的战略方针，了解分享经济模式以及酒店客户对 P2P 住宿商业模式的认知无疑使产业更加了解 P2P 住宿商业模式的发展机理，同时能够发现其在日新月异的市场变化中不断增强的竞争优势，同时也为传统酒店业务的发展提供借鉴和参考。

P2P 住宿商业模式是旅游分享经济下产生的新生事物，与传统旅游市场管理不同，供给侧和消费端缺乏可靠的审核方式。本书主要针对陌生人的互信体系进行深度剖析，通过研究深刻了解分享经济，有助于惠及民生、带动经济产业发展，对加快产业结构优化起到积极作用。

1.3.2 研究内容

本书将针对酒店顾客对 P2P 住宿商业模式的认知进行全面研究，特别是着重揭示旅行中酒店客户群体的认知（例如：P2P 住宿商业模式的感知风险、信任和利益）机理，探讨酒店客户的认知如何影响其将 P2P 住宿商业模式用于未来住宿的意图。为此，这项研究将尝试回答以下研究问题：

研究问题 1：在分享经济视角下，为什么有一些游客会选择 P2P 住宿商业模式，另一些却不会选择？游客选择 P2P 住宿商业模式的机理及其影响因素有哪些？

研究问题 2: 在旅游中客户选择 P2P 住宿商业模式会受到哪些外在因素影响?

研究问题 3：游客选择 P2P 住宿商业模式的意愿有哪些重要的前提和感知风险?

研究问题 4：游客在感知风险、信任和感知收益中，选择 P2P 住宿商业模式的最重要的决定因素是什么?

研究问题 5：在选择 P2P 住宿商业模式时，顾客的心理性格和熟悉程度是否会对客户的信任有调节作用？

此外，游客的感知风险、信任和感知收益这三种结构将被用于检验酒店客户的选择意图。为了确定酒店客户的信任和感知风险的因变量，本书将使用 P2P 住宿商业模式的三个因变量因素：P2P 住宿商业模式的渠道相关因素、P2P 住宿商业模式的住宿相关因素以及个人与房东有关的因素来验证游客选择 P2P 住宿商业模式，以明确他们未来住宿的决策和行为。

为了实现研究目标，本书通过对已有文献的梳理形成研究框架，提出研究假设，并构建概念模型。在研究方法上主要以定量研究为主，采用结构方程模型验证研究假设。同时，本书辅助以半结构访谈等少量定性研究用以初步判定游客在选择 P2P 住宿商业模式意愿的影响因素。

1.4 研究流程

本书以 ICT（Information Communication Technology，信息沟通技术）理论、网络社会理论、破坏性创新理论、计划行为理论和 SOR（Stimulate-Organism-Response，刺激 – 有机体 – 反应）理论为基础，以分享经济视角下旅游 P2P 住宿的游客为研究对象，从渠道相关因素、住宿相关因素和个人与房东因素为研究切入点，围绕着信任、感知风险和利益三种结构来研究游客的选择意向。本书拟采用下述研究流程，如图 1-1 所示。

绪论
研究背景
问题提出
文献综述
概念界定
理论基础
影响因素
研究方法与设计
机理研究
理论假设
概念模型
资料分析与模型检验
调研统计
数据分析
假设检验
模型检验
结论
理论贡献
现实指导意义
未来研究展望
定性与定量分析
提出问题
分析问题
解决问题
总结

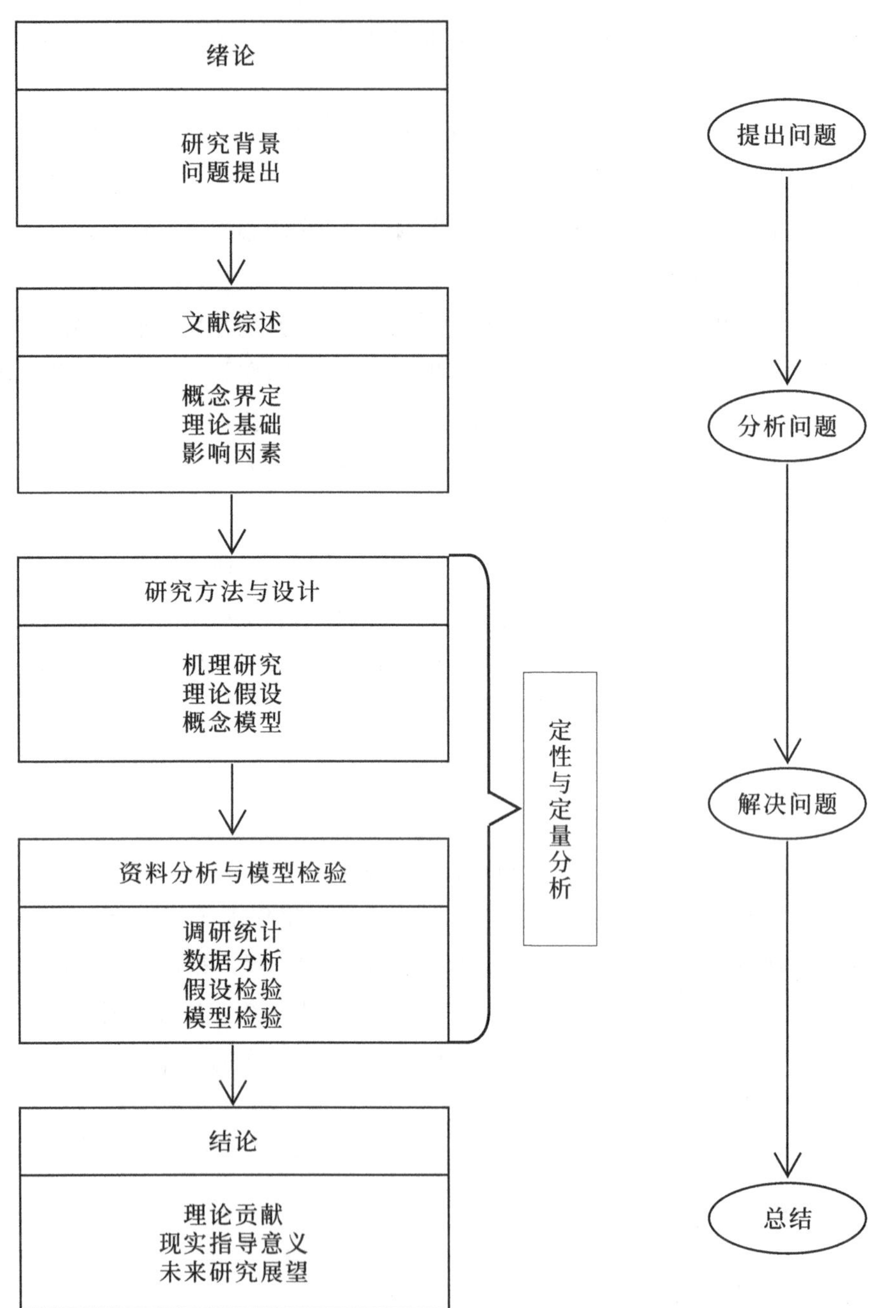

图 1-1　研究流程图

本书在系统梳理相关概念和理论研究的基础上，采用理论研究与实证分析相结合、定性分析与定量分析相结合的方法，深入探讨分享经济视角下影响旅游 P2P 住宿商业模式的发展因素。针对提出的假设和概念模型，在深度访谈的基础上科学设计问卷，通过实地调查，线下发放问卷等形式进行问卷调查。基于问卷数据，利用 SPSS 22.0 软件和 AMOS 17.0 软件进行数据分析，利用多元线性回归、结构方程等数理统计方法对采集到的数据进行处理，最终归纳出分享经济视角下游客选择 P2P 住宿商业模式的内在机理及对传统酒店业的影响。

第2章 文献综述

根据本书的研究思路，分享经济视角下影响旅游P2P住宿商业模式发展主要涉及分享经济、P2P住宿商业模式、ICT理论、网络社会理论、破坏性创新理论、计划行为理论、SOR理论和相关概念等内容。因此，本章从分享经济的概念与内涵研究入手，着重对各种行为理论等领域的国内外相关研究进行梳理和评述，为构建分享经济视角下的游客选择P2P住宿商业模式行为意向的模型建立理论基础。

2.1 分享经济

2.1.1 分享经济的概念和内涵

“分享经济”（Sharing Economy）也叫“共享经济”（本书统一称为分享经济），相关的概念最早见于美国学者Felson和Speath 1978年的论文中，被称为“合作式消费”（或译“协同消费”），很多学者认为这是分享经济概念的起源。2011年美国《时代》杂志将其列为未来影响世界的十大理念之一，并认为它将给消费观念和消费模式带来巨大改变和深远影响。但是这两种概念，“合作式消费”和“协同式消费”是出现在互联网诞生之前，然而现代分享经济模式的产生和发展是在互联网技术基础上所进行的。因此，从严格意义上来讲，Felson和Speath两人的“协同消费”概念不属于现代分享经济学范畴概念，而最多只能作为雏形。Botsman在2013年详细阐述了协同消费与分享经济这两个概念的不同，指出二者无论在内涵和外延都存在着很大的差异，绝不能画等号。

在互联网经济出现后，学者们才在真正意义上开始就分享经济的概念与内涵进行研究。有一些学者从分享经济产生时间上对其作出了判定，强调互联网的普遍应用以及金融危机的时代背景是其产生的契机。例如，Zervas等人（2013）认为现代分享经济概念出现于几年前，即在互联网和全球金融危机的产生之后。在2014年，Belk也指出：互联网技术是区别传统分享经济和现代分享经济的重要指标和关键因素。从其本质内涵上来看，Beckler和Gnoth（2004）等人认为，分享是一种“单向性的亲社会行为”。而 Belk（2010）表示：分享就是将属于自己的物品给他人使用，可以有偿也可以无偿，当然也适用于自己使用他人物品的情况。而 Botsman 和 Rogers（2011）则认为，分享经济应该是“分享的内容为没有被充分使用过的资产，比如空间、技能、物品等，可以换取货币或者非货币利益的一种经济形态”。按照哈佛大学南希·科恩教授的说法，分享经济是指存在于个体之间商品交换或者服务的行为，可以是直接交换，也可以是间接交换的系统（褚国飞，2014）。Frenken 等人（2015）定义了分享经济是消费者彼此之间给予彼此资产可以分离的临时使用权，以获得未充分利用的实物物资（闲置产能），目的是获利。通过他的定义不难看出，分享经济的内涵可以被分解为三个要素，即分享经济的市场主体是拥有闲置物品的个体，分享经济让渡的是临时的使用权而非所有权，以获利为目的。Frenken 等人（2015）也在此定义的基础上进行深化，将分享经济与其他经济形式区分开来，认为分享是消费者对消费者的平台，而不是租赁公司，在谈到产品服务的时候，服务提供商仍然拥有所有权，目的是消费者为彼此提供一种暂时的便利，而不是所有权的转移。因此，分享经济不包括二手经济（Oskam & Boswijk，2016）。消费者可透过分享经济，将其闲置的或未充分利用的资产用于营利或储蓄之途，成为个别的微型创业者（Micro-preneurs）（Botsman R，2012）。

在我国，对于分享经济的研究也在如火如荼地推进中。该领域的学者杨书培认为分享经济是一种社会经济生态系统，而这种生态系统必须建立在人和物质数据相互分享的基础之上。也有国内的学者（文史哲、许剑铭，2013）认为“分享经济”是以网络媒体作为纽带，以社交能力作为方法，在购买者与分享者之间实现资源、商品、服务有效及合理分配的一种消费经济模式。益言（2015）对分享经济的定义是指通过建立个体之间的平台，依靠网络平台，供给者与需求者直接交换商品或者服务的系统模型，进而可以打造出分享人力和物力的社会经济体系形式。李立威和何勤（2018）认为分享经济是个人、组织或企业通过互联网第三方平台分享闲置实物资源或认知盈余。

在 2016 年年底公布的《中国分享经济发展报告 2016》中进一步明确了分享经济的定义：分享经济就是指利用互联网、计算机通信等先进的信息技术将分散化、闲置化的资源进行整合、分享，从而可以更好地满足顾客多样化需求的一种经济活动总和。

从上述定义中可以看出其内涵的三个要素，如图 2-1 所示。

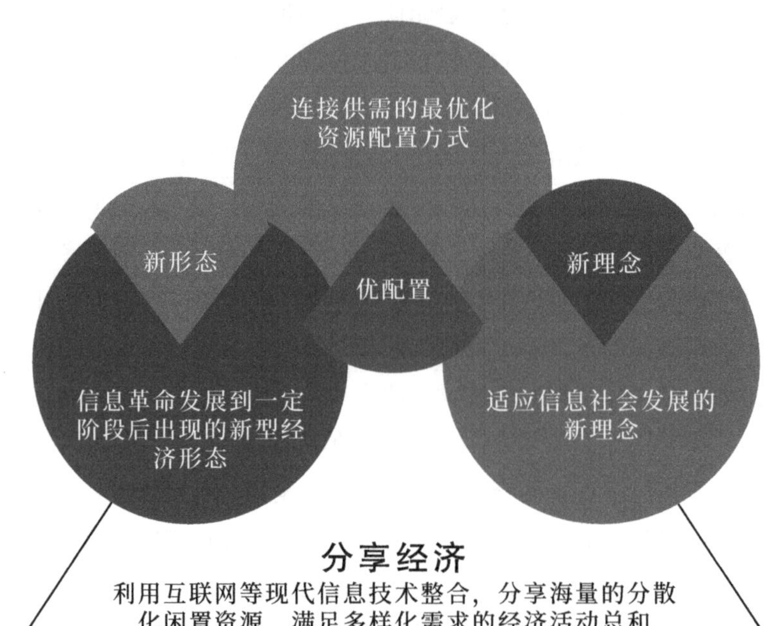

图 2-1　分享经济的定义与内涵

要素一：分享经济是信息革命发展到一定阶段后出现的必然产物，属于新型经济形态的一种。尤其是移动互联网和计算机通信等技术的飞速发展，例如大数据、云计算、物联网、移动支付、定位服务（GPS）等现代化信息技术广泛应用于人类社会的各行各业，加速了商品在陌生人之间交换和流通的进程，从而为分享经济奠定了物质基础和流通渠道。

要素二：分享经济作为最优化的资源分配方式连接着商品的供给和需求。2008 年全球经济危机以来，人们发现资源短缺越来越严重，但是还存在着大量的闲置浪费，短缺与浪费之间的矛盾一直困扰着社会发展。分享经济的作用就是可以整合大量分散化、闲置化的资源。这大大提高了资源的利用率，降低了交易的成本，同时还可以精确地发现客户的多样化需求，实现供应和需求双方目标的快速匹配。

要素三：分享经济是一种新型理念，这种理念很好地适应了信息社会经济发展的需求。在旧的工业社会里，只注重生产和收益如何能够最大化，推崇资源和财富的高度占有；而信息社会则更加注重以人为本，并强调社会的可持续发展，更加推崇最佳体验和物有所值、物尽其用。分享经济这种轻资产、重使用的方法，集中体现了节约、节能、绿色、环保的新消费观和发展观。如图 2-2 所示，从分享经济发展的关键要素来看，分享经济的目标是效率最高，保障是安全策略，支撑是信息技术和科技发展，前提是存在大量的闲置资源，条件是大众参与，基础是相互信任，核心内容是使用者体验。

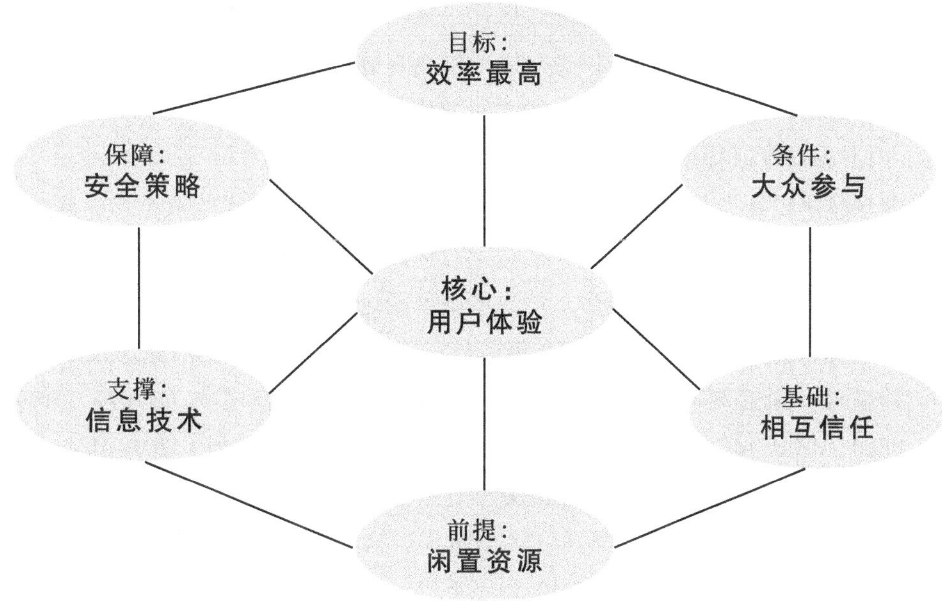

图 2-2　分享经济的关键要素

显而易见，分享经济正以迅猛的速度影响着社会各行各业及其细分领域，比如社会群体之间不仅可以互相分享自己的闲置房屋、闲置汽车、闲置工具等，还可以分享闲暇时间、闲置技能和经验知识。最重要的是，这些实体和非实体的互相分享能够创造出客观的价值。例如有的旅行网站给顾客提供一种新的分享形式，即分享旅游攻略和个人旅游经历。所有这些知识分享和经验分享，再经过信息化的处理后上传到网站面向顾客就可以获得可观的经济收益（张均忆，2012）。当然，分享经济的商机可远远不只是存在上述所说的行业和领域。比如：美国公司 Uber 就推出同城快递服务，即 Uber Rush；Airbnb 推出了一站式旅游行程预订；而在教育行业，我国的“新东方”等新兴培训和家教机构，也属于知识经验分享；而涉及家庭服务领域，著名的“58 到家”和“赶集”等都是分享经济的范畴；

在时间上，有专门的送外卖和接送孩子等服务。与层出不穷的新现象、新产品、新服务相比，其背后的变革本质是资源共享、渠道分享和服务及产品分享成为主流趋势。

2.1.2 分享经济出现的条件

在分享经济的模式下，人们不是通过购买所有权来享受其提供的服务，而是选择租赁或者借用特定商品或技能。这样一来，闲置资源的使用率得以提高，同时使用者也可以降低成本。可以说，之所以会有分享经济的出现，都是因为社会的进步造成的。分享经济出现的条件有如下几点必备要素：

（1）移动互联技术

分享经济是社会与科学技术进步的结果，尤其是移动互联技术对其更是有巨大的影响。租赁交易的信息成本和信息不对称在很大程度上被云计算、大数据、物联网、移动互联网降低或减少，使原本不可能达成的陌生人之间的租赁交易变为可能（郑红霞，2016）。在 2010 年前后，移动智慧终端在全球急速发展并得到广泛关注，最直观的就是智能手机的使用人数猛增（杜文才，2014）。1995 年，8000 万人成为全球手机用户，只约占总人口的 1.4%，而到了 2014 年，已有 16.39 亿人使用智能手机，智能手机用户占整体手机用户的 38.4%，占全球人口约 20%（孙哲，2016）。工信部发布的《2018 年通信业经济运行情况》中数据显示，截至 2018 年 6 月末，我国 3G 和 4G 智能手机用户已经达到了 12.01 亿户。

（2）支付平台

支付平台的出现对分享经济的发展来说必不可少，第三方支付工具，即支付平台，可以实现实时的付款与收款，这对买卖双方来说都极大地提高了交易的便捷性。在我国，数以千万的用户每天都在用的支付宝、微信等第三方支付平台为我国分享经济的发展提供了极大的支持力度和便利条件。而同时，网络支付平台作为第三方也极大地保证了预付费方的利益，所有交易都在平台上操作，由平台承担起大部分交易安全保障，这样有效降低了分享产品的风险。例如外卖行业就属于一种高频率、小额度的支付场景，网络平台有时还会推出一定额度的“红包”补贴来吸引顾客，所以人们就会慢慢地养成在智能手机上利用 App 点餐，并开通微信或支付宝进行支付，这样一来，移动支付通道就自然而然地被打开并广泛应用（孙哲，2016）。微信和支付宝先后还在住宿、打车、餐饮、零售等行业进行使用。

（3）经济危机

从历史发展时期剖析分享经济的产生缘由来看，其有力的发展动力和背后的主要原因之一就是 2008 年的美国经济危机（王昭，2013）。在这一时期，美国的失业率最高曾达到了 9.3%，人均 GDP 则变成了 −3% 的增长。2008—2009 年的金融危机期间，Uber、Airbnb 在美国应运而生，它们因为能够提供廉价的服务而受到广大消费者的欢迎。随后，中国等受金融危机波及不是十分严重的国家也意识到，这一在经济困难背景下涌现出的创新商业模式不仅能够整合闲置资源，为消费者和供应者带来资金上的共赢，还能够把社会供应和人们的需求与需要相互关联，使之更加贴近真实生活，所以分享经济才会在世界范围内成为潮流趋势。与此同时，持续的经济危机为走着低价策略的分享经济挤压出相应的消费者。

（4）消费者信息分享习惯的养成

进入 Web 2.0 时代后，UGC 技术和 Wi-Fi 技术的发展相对较快，有助于用户在分享经济的初期就树立分享的概念和分享的习惯。“85 后”“90 后”“00 后”等年轻人被形象地称为“互联网络原住民”。也就是说，他们生于互联网时代，很早就接触了互联网，使用互联网，甚至生活的方方面面都依赖着互联网。因此，这一代人的分享习惯自然而然就建立起来了（孙哲，2016）。其实，随着互联网技术的不断发展和普及，不仅仅是“85 后”，几乎全球的网民都养成在网络世界的各个角落分享各自信息的习惯（杜文才，2010）。

2.1.3　分享经济的特征

在“互联网 +”的基础上，分享经济正广泛渗透于生活中的方方面面，与传统商业的发展模式不同，它可以悄然实现人们在社会中的角色转换。不过，并非所有的行业都可以走分享经济的大道。分享经济有其明确的特征，概括如下：

（1）只强调使用权，不发生所有权的转移。事实上，所有权不再被认为是消费者欲望的最终追求，特别是在经验消费的环境中（Chen & Lee，2009）。一般来说，分享经济主要是指将商品的所有权或使用权分离，采用以租代买或以租代售的形式让渡产品或服务的部分使用权，而不让渡所有权，从而最大化体现资源的利用效率。这种“不求拥有，但求所用”的做法很容易满足人的本性中关于分享和自我实现价值的需求，最重要的是，可以顺应人类节能、环保的理念。

（2）商品或服务在生产者和消费者范畴之间比较模糊，从而产生了产消者（Prosumer）的概念。也就是说，分享的人不仅是消费者，也可以是生产者。产消者的出现和崛起涉及一个商业世界层级之间逻辑的相互交替。这种模式可以使人们对社会有更高的认识和更多的参与（Boswijk，2017）。商家已经意识到，在互联网快速发展的时代，消费者正在有意无意地转变着自身的角色，消费者不再是单纯地被动接受角色，相反变成了共同创造者（Co-creator）的角色。这就是在某些经济管理学中提到的所谓“价值共创”理论。

（3）从过去的商业机构向个人提供服务，转向更多的个人向个人提供服务。强调“使用而不是拥有”模式作为替代消费模式，这个概念突出了资源节约型消费的文化观念的转变，消费者对所有权的价值追求在降低，这也非常有利于市场上的租赁和交换（Leismann，Schmitt，Rohn & Baedeker，2013）。而个人之间闲置产品的交换，也正体现了这种社会资源的节约性。全球的可利用资源是很有限的，但是现如今在社会上闲置或者正被浪费着的资源大量存在，如空置的房屋和设备等。分享经济则能够把这些分散的、无关的、海量的庞大资源通过网络平台进行有机的整合，让有限的资源发挥无限的效能，以满足人们日益增长的对资源的需求，实现“稀缺中的富足”（国家信息中心课题组，2016）。

（4）分享经济网络平台可以提供信息认证、撮合、交易、评价等功能，但是不能提供商品或者服务。由于空间或环境问题而不能拥有或选择不拥有的消费者正在获得产品和服务，并且在网络中介访问的情况下，愿意支付获得访问的价格，这被叫作基于访问的消费，强调市场中介导致的交易，并且不伴随所有权的转移（Bardhi & Eckhardt，2012）。分享经济网络平台并不能够直接给顾客提供商品和服务，它只是把参与的双方连接起来，进而提供一些实时、高效、便捷、灵活的技术支持和信誉保障。换句话说，离开了互联网，分享经济就无从谈起（国家信息中心课题组，2016）。

（5）组织的结构和供需双方的雇佣关系正在发生巨大变化，多数都以“商业伙伴”的形式呈现，合作和信任关系更加明显。分享经济最初的目的就是实现分担和资源的二次分配，其实就是对供应者和用户进行优化和组合。当然作为一种新型的经济模式，分享经济自身就会面临组织结构方面的困境。例如监督和管理的不确定性，管理者面对的可能不是普通的员工，而是和自己完全没有合作过的陌生人，但是他们之间却可以分享收益，所以管理者就需要建立合作和信任关系来掌握其中的平衡。“分享”的一个很重要的前提，就是打破上下级的雇佣关系，建立“人与人的相互信任关系”，分享的行为才会产生。

2.1.4 分享经济与其他相关概念的比较

由于分享经济是一个新出现的商业模式，学者们对它的认知与界定还比较模糊，为了使本书的研究内容更加清晰，需要对分享经济和其他类似的经济模式进行区分与辨别。

首先，经常和分享经济混淆的概念是平台经济和租赁经济。“平台”一词是指将网络中的用户，链接起来的“产品与服务”，是连接多方供求或虚拟或真实的交易场所。平台经济指的是依托平台进行交易的商业模式。所以平台经济的核心是链接、架桥或媒介，网络平台提供基础设施与规则（Parker， Alstyne & Choudary，2016）。

平台经济早已深入人类的日常生活，例如人们在淘宝网站上购物，淘宝店主和消费者双方在淘宝的平台上交易，那么淘宝网站连接了店主与消费者之间的电商平台模式，是属于电商平台的范畴；微信和 QQ 连接了用户互联网沟通，是属于社交平台的范畴。未来将出现更多改变人类生活的平台，它们将凭借科技与先驱者的想象力，成为社会经济发展进步的载体。能够将海量资源有效地凝聚在一起就是平台经济魅力所在，把传统经济中链条式的上中下游等组织重新组合形成围绕平台的环形链条。平台可以把冗长的产业链进行闭合形成环状，B 端用户（企业用户）和 C 端用户（个人用户）就可以通过平台进行深度连接，从而省去某个环节，提高各个产业的效率。

除此之外，人们容易把租赁经济和分享经济相互混淆，租赁经济是出租人将其所属的商品的使用权以借贷的形式给承租人，而承租人以酬金作为报酬换取该商品的使用权（刘荣根，2017）。简单来讲，租赁就是使用权和所有权的分离。有些公司主导了产品设计、委托生产直到推广销售的整个链条，虽然用了互联网联系客户，但是不存在严格意义上冗余资源的分享行为。在租赁经济里，没有被闲置的资源，只有该公司或业主所拥有的、自购的出租品。本书根据分享经济、平台经济和租赁经济的不同特点，对三种概念进行了对比，详情如表 2-1 所示。

表 2-1 分享经济、平台经济和租赁经济的比较

比较内容	分享经济	平台经济	租赁经济
所有权与使用权	分离	没有要求	分离
商品特征	闲置资产	没有要求	没有要求
供给方和需求方	个人对个人	没有要求	没有要求
网络需求	需要	需要	没有要求

从表 2-1 可以清晰地看出，分享经济可以概括为临时把闲置商品的使用权转让给需求方，这样就可以为双方创造新价值，也提高了商品的利用率。“闲置”这两个字很重要，也就是说被转让的使用权是冗余的，并且是个人对个人的交易。从所有权与使用权、商品特征、供给方和需求方及网络需求四个方面可以分清这三个概念。

2.1.5 分享经济涉及的领域

从分享经济的概念上讲，分享经济体系涵盖了交换闲置物品，交换经验和知识、搭便车、房屋共享等各个方面。这种个人之间的直接交流系统可以不分时间，不需要固定地点，也没有职业限制，同时可快速联系世界各地的用户。所有这些直接交换都可以通过互联网进行，特别是通过智能手机 App。分享经济与传统经济模式相比具有灵活、高效和有针对性的优点，这种新型的经济模式将大量传统工作分为单独的任务或个体，碎片化或整体化内容，并在需要时分发给需要的人群。在分享经济搭建的商业环境下，个体在参与经营消费活动时的角色将不再被桎梏于简单的消费者或经营者的角色，而是更加具有复合性，可以说分享经济正在深刻地改变人们的生产和生活角色。然而，这种新型的经济模式对分享的对象有两个明确的要求：第一是分享物本身的市场规模和使用频率较大，可以重复使用；第二是分享物的使用权边界相对清晰，利于转移使用权。孙哲（2016）通过对分享经济产业的研究总结出消费者认同并使用的九大分享经济涉及领域，它们分别是：有形空间设施、金融、知识 / 教育、食品、医疗健康、物品、资源、任务和出行。农业、教育、医疗、养老等方面将会成为分享经济创业创新的热门（国家信息中心，2017）。

就供应方和需求者而言，分享经济会大大降低市场交易成本，给个体经济

带来无限希望，导致传统企业边界显著地收缩。对于消费者和购买者而言，明显的交易成本下降是因为从购买转向租赁，用更多的租让和使用代替了购买和拥有，这样增加了消费者和购买者的双向利益，是双赢的结果。通过网络平台提供的“自由人”联盟，分享经济为供需双方都提供了更广阔的市场与更多样化的选择，提高了经济运行和资源分配的效率，从而自下而上、由浅入深地促进了社会制度改革。

2.1.6 分享经济与旅游业的关系

分享经济本身的特性就注定它是和旅游行业密不可分的。学者魏小安（2016）指出：分享经济和休闲生活二者是必然兼容的，分享经济也应该率先在休闲领域开始发展。在国外的相关领域中，有两家最为著名、用户规模最大的分享经济企业都和旅游业有关，这两家企业分别是提供预订租赁用车服务的 Uber、提供家庭住宿服务的 Airbnb。第三产业将成为拉动全球经济消费的强劲动力（刘佳杰、陈希，2019）。之所以分享经济与旅游业密不可分，主要是以下几个原因。

第一，分享经济和网络平台的产生和急速发展为旅游行业提供各式各样的资源服务，使旅游业有了更加便捷的渠道。同时，它也进一步增加了分享的深度、广度，打破了传统分享受空间和时间的限制，为顾客的自主选择提供了更加便捷和快速的通道，增加了旅游者的自主选择。资源的宣传与整合，为休闲经济创造了一个自然共享的经济模式（魏小安、蒋曦宁，2016）。通过这种方式，游客就可以分享自然、文化、经济和社会资源，使许多在以前无法共享或难以共享的资源转化为可分享的物品，使得过去任何平台都无法提供的旅游产品和体验变得可以买卖，并且分享无障碍。

第二，旅游活动的可操作性以及沟通性和分享经济网络平台的沟通以及渠道在本质上是可以兼容的。顾客利用分享经济平台选择产品和服务时，具有高度的透明性和自由性。此外，实时交流的功能可以极大地保障旅游产品买卖双方的权利，更具有创新性和吸引力（陈希、刘佳杰、钱婧，2017）。通过分享经济平台，旅游活动的供给方和需求方能够实现跨越语言、跨越文化、跨越空间障碍的自由交流与沟通（曹丹，2017）。

第三，分享经济平台搭建的评价体系和透明的数据审核本身就是一种无库存性和无形性的旅游产品，但是它却提供了一个相对客观的口碑系统（曹丹，

2017）。众所周知，游客必须在体验完相应旅游产品和旅游服务之后才能对产品作出评价，其特点是生产和消费同时发生，所以评价系统对于分享经济很重要。对于任何一个产品和服务而言，其使用者都应该有极高的评论自主权，而第三方网络平台对于常见的评价记录有着非常严格的控制和审核要求。综上所述，分享经济往来平台所搭建的评价体系可信度和真实性还是非常高的。如果供应方出现不良评价，很难删除，因此很多供应者在服务游客时会特别热情，以期留下好的评价，这样的体系制约能给其他游客提供一个相对较客观且公正的判断标准。很多分享经济网络平台不仅可以建立一个对于供需双方而言相对透明的背景信息支撑体系，更重要的是可以保障评价的安全审核，更有利于交易公平性，也大大消除了交易过程中顾客所产生的疑问和焦虑。与此同时，分享经济网络平台还可以给供需双方提供星级评价体系这一服务，这种评价不是单方面的，而是双向的，最大限度地为产品提供更为全面直观的信息，也保证了供应方的权利。

第四，旅游业提供的产品和服务具有复杂性与多样性的特点，而且比较零散，需要深度联结供需双方，但这恰恰适应了分享经济P2P平台的特征。P2P商业模式在平台搭建和规则制定的基础之上，把供需两端的有效资源进行深度的链接，并且通过大数据处理把信息进行整合并优化，缩短了联结双方的内在渠道。在旅游业分享经济模式当中，供需双方的身份可以是多重的，既可以是交易的管理者和信息的传播者，还可以作为产品的消费者，也就是说，能够在生产者和服务者之间自由转变，共同创造价值。

第五，旅游业的淡旺季一直是困扰旅游业发展的因素，分享经济网络平台对旅游的季节不平衡性具有很高的适应性（曹丹，2017）。旅游业是季节变化影响非常严重的一个行业，分享经济网络平台能有效地调节旅游行业的供需。因为分享的是闲置资产，所以能够实时把握淡季时期的旅游资源，进而提高资源利用效率。反之，也能够为旺季时传统旅游行业中产品和服务作很好的补充，创造当地价值。

2.1.7 国内外关于旅游业分享经济研究的进展

分享经济出现得比较晚，它在旅游行业应用的时间也相对较短，虽然在国外有些学者很早对旅游行业进行过研究，但是也仅限于最近几年。而且可以看出的是，国外研究大部分集中在分析分享经济的概念、产生原因、市场特征和未来发展，主要是针对分享经济自身进行了大量的研究。Molz 2013 年从经济学和人类学角度切入，对分享经济技术平台及对社会的影响进行研究，他认为分享经济是消费者彼此之间给予彼此资产可以分离的临时使用权，以获得未充分利用的实物物资，也就是闲置产能，目的是获利，它加深了陌生人之间的交流。Dredge 和 Gyimóthy 2015 年指出，分享经济能更好地降低市场进入门槛，利用闲置旅游资源，提高旅游产品透明度，消费者可透过旅游分享经济，将其固有资产用于赚钱或储蓄之途，成为个别的微型创业者。Cheng 在 2016 年间查阅了近 10 篇的旅游分享经济相关文献，他发现这些文献中研究的方向重点在分享经济对旅游目的地和旅游服务的影响等方面，而且 Cheng 还认为，分享经济与旅游行业之间的研究还集中在社会学角度，所以导致其理论框架非常狭隘，必须从宏观角度入手，也可以从微观多层次角度对多学科进行切入来展开研究。Cheng 经过研究发现，正是因为 Airbnb 的房价更加低廉，所以游客的到访率才能够持续居高不下。与此同时，分享经济也带动了很多新型就业岗位，但是这个现象可能会被更低端的酒店业所取代，然后导致部分人员失业，它的边际效应是递减的。Heo 2016 年发现旅游分享经济度假房屋的市场中，选择行为主要建立在信任的基础上，并提出该细分市场具有开放、灵活的特征，进而探究了相关分享经济对旅游业产生的影响。Sigala 2016 年针对旅游分享经济进行分析，认为这种新型的模式可以与当地人进行更有意义的社会互动和独特体验，促使旅游者们产生增加旅行次数、停留时间更长、并参与更多的活动的欲望。此外，分享经济降低了旅游成本，可使游客考虑并选择其他成本高昂的目的地的旅游活动。Stors 和 Kagermeier 2015 年根据在德国的一项研究结果，发现年轻人更愿意参与分享经济，这与他们依赖网络生活的方式密不可分。研究者还证明了收入水平较高的消费者也更愿意参与分享经济，这个结论与很多人主观认为分享经济主要吸引低预算消费者的观点恰好相反（Olson，2013）。

国内研究方面，李庆雷和蒋冰（2016）等对我国旅游业的分享经济提出的观点为分享经济确实给旅游行业注入了新的理念和革命性的变革，同时这也是科技和互联网发展的产物，它的出现影响着人们，特别是年轻人的旅游消费观念。罗云丽在 2016 年就提出旅游与分享经济之间有相互契合的特性，认为旅游分享经济中信任体系最为重要，同时这一领域不能任由发展，需要国家的监管。王政军等人（2016）的观点则认为我国的分享短租行业还存在各种问题，比如房源供给、行业规范、支撑技术等，还需健全的法规体系来保护，同时也要找好市场定位，建立房源准入的行业标准。凌超和张赞2014年研究了我国在线短租的商业模式，认为这种商业模式发展很快，存在一定风险，应该加强制度建设和在线监管。

2.2　P2P住宿商业模式

2.2.1　P2P住宿商业模式的内涵

所谓P2P英文指的是Peer-to-Peer，即“个人对个人”的交易。旅游行业分享经济有助于使游客更多地获取旅游相关信息，并通过平台了解商家的声誉，看到其他游客给予商家的评论，有的还可以和商家进行互动交流，就相关问题进行探讨，这就是所谓的P2P商业模式（Tussyadish，2016）。借助分享经济的网络平台，旅游者能够给游客提供“内容”（如评价、评论等），也可以以消费者的身份消费相关“内容”（相关产品或服务）。这可以从根本上打破传统在线旅游企业对相关“内容”的长期行业垄断，从而可以改变个别垄断行业信息不对称的格局，也标志着消费者主权时代的真正到来。旅游行业借助分享经济网络平台工具减少了很多中间环节，例如信息传递和信息搜索、交易和后期付款等，将旅游目的地的闲置旅游资源有效地整合利用，供旅游者进行选择或消费，实现了旅游产品的业余化生产和旅游服务的高效供给，这就是我们熟知的P2P商业模式（李庆雷、蒋冰，2016）。Saebi和Foss在2016年回顾了商业模式创新研究15年来的发展与趋势，尤其是进入21世纪以后，以信息技术的发展带动了各种商业模式的创新。Mikhalkina和Cabantous（2015）以分类研究作为框架，说明了“Airbnb”和“分享经济”都是典型的商业模式。Mohajeri、Nybreg和Nelson（2017）以Airbnb和Uber为案例，研究新兴的商业模式，指出信托问题是这些商业模式发展的主要障碍。Plenter等人2017年用商业模式画布（BMC）的方法证明了分享经济和P2P住宿作为新型的商业模式的存在，并且构建了干预和评估的纬度。分享经济已经进入旅游和住宿行业，该模式下成功的创业企业有Airbnb、Uber和Lyft（Ferenstein，2014），这些涉及P2P住宿和P2P交通商业模式。这些新的创业公司正在以惊人的速度增长，改变着旅游行业。事实上，根据Quinby和Gasdia（2014）的观点，物有所值被认为是旅客使用P2P住宿商业模式的主要原因之一。同时，Balck和Cracau（2015）认为，降低成本是消费者选择P2P住宿而不是酒店的主要原因。Tussyadiah 和 Zach（2017）认为，P2P 住宿是在相对较短的时间内出现的，是利用分享经济概念的一种进入旅游和酒店市场的新兴住宿服务业务。另外，与传统酒店相比，它更加符合旅游业日益注重生态、节能和环保的大趋势（杜文才，2017）。同时，分享型住宿是一种非常有效的解决住宅闲置的方式，P2P 住宿商业模式旺季提供服务，淡季时则退回社会的模式在很大程度上也缓解了旅游淡旺季住宿设施配置方面的矛盾，因此十分受到广大游客和房东的欢迎，具有较强的商业生命力。

对于拥有闲置不动产的个人来说，通过分享经济下的 P2P 住宿商业模式让空置的房屋增值，较不动产买卖或者整体租赁来说更加灵活便捷，这是由于以下三个原因：第一，P2P 模式下住房的所有权常被按房间数量进行单独切割，而不动产买卖或者整体租赁是整体消费的；第二，P2P 模式的住房可以通过空间交换、不同媒介置换的形式被“移动”，之前人们普遍认为不动产是具有不可移动性的，现在则可以发生某种意义上的交换；第三，P2P 模式的住宿由于其归根结底属于供应者的私人固定资产，充斥着供应者的个人生活特征，使之有别于酒店提供的标准化客房，能使入住的游客体会到更加浓厚的生命和爱的深刻意义（Tussyadiah，2015）。

中国的市场潜能巨大，分享经济住宿业发展空间可观。当前国际市场，尤其是中国面临产能过剩、资源环境约束增强等方面的问题，经济下行压力加大，投资回报率降低，也造成了社会资源闲置浪费和产业结构失调（张影强，2017）。首先，目前中国的市场存在着大量的空置房源，近些年中国的房地产市场一直走势迅猛，尤其是二三线城市和一些旅游城市，出现了房地产经济泡沫，使得闲置房屋大量涌现。其次，中国是旅游消费大国之一，文化和旅游部公布的 2015 年统计数字，仅 2015 年国内旅游人数达 40 亿人次，收入 3.42 万亿元人民币，并且随着人们生活水平的不断提高，国内旅游市场将持续高速增长。最后，中国互联网发展速度非常快，中国互联网信息中心（CNNIC）在 2016 年 1 月份公布了最新的《中国互联网络发展状况报告》，这份报告的数据表明：中国网民和互联网普及率在 2015 年 12 月份分别达到 6.88 亿和 50.3%，其中手机网民数就占 6.2 亿，无线网络覆盖率也明显提高，网民使用 Wi-Fi 的效率在 9.8% 左右，现如今，半数中国人已经接受互联网。大量的闲置房屋、增长的旅游消费和普及的互联网这三条因素结合在一起，对于房屋和旅行之间的分享经济 P2P 住宿商业模式，将会是一个巨大的机会。

2.2.2 P2P 住宿商业模式的特征

虽然分享和租赁的做法并不是新生事物（Belk，2014），但 P2P 住宿商业模式是以 2008 年推出的 Airbnb 正式进入市场的。P2P 住宿商业模式作为创新的商业模式，为那些希望能获得有一定水平的酒店服务，并需要独特体验的旅行者提供了替代解决方案，因此对大多数人来说是新颖的和时尚的（Tussyadiah & Pesonen，2016）。普华永道 2015 年数据显示，P2P 住宿的快速增长，主要体现在预订数量、服务人数和产生的收入上，旅行者中采用这种替代性住宿的比率越来越高。在分享经济的平台下，P2P 住宿商业模式的房屋使用权会被切割，可以进行交换，对于住宿会融入更多的文化和情感，以形成个人产品的独特性。归纳总结 P2P 住宿商业模式的特征：

（1）资源高效化

通过旅游分享经济和互联网技术线下房屋资源进行有机整合：其中以最著名的 Airbnb 为例，它就把线下闲置房屋经过加工处理后发布到平台上，通过 GPS 定位技术、相互评价、第三方支付，使得供需双方在线进行交易。这样可以将平台上需要住宿的顾客和房屋进行有效的匹配，并且提高了房屋的利用率，以此实现对线下房屋资源整合利用的目的。

（2）价格灵活化

分享经济的本质是要把交易成本降低，同时还要对配置效率进行提升。价格的灵活多变性集中体现在可以降低供给双方的成本上，这样就可以有效提升资源对接和配置的效率。成本有显性成本和隐性成本，P2P 住宿商业模式不仅可以减少金钱显性成本，还可以减少时间成本及其他隐性成本。P2P 住宿商业模式为旅行者们提供不同价格档次的住宿，房东们有弹性的价格和极具个性化的服务是游客选择入住的重要因素，因此相比传统的酒店业，P2P 住宿让顾客感觉更富有人情味，感知价值比较高。中国传统文化崇尚节俭，P2P 住宿商业模式相对低的价格，可以节省资源，符合中国人民根深蒂固的文化——勤俭节约。对于 P2P 住宿市场来讲，未来将不仅仅是年轻人的市场，也会受到中老年人的欢迎。

（3）业务全球化

网络可以使交易各方通过互动方式，以网络平台为媒介，直接在网上完成交易和与交易有关的全部活动，这样使商品和信息的交换过程不再受文化和地域的限制，也不受时间和空间的制约。P2P 住宿商业模式可以扩展到全球范围，相应地，消费者的购物选择也是全球性的。它不受时间、地点、语言、职业、年龄等限制，针对的人群是非常广阔的。

（4）产品独特化

P2P 住宿商业模式并不致力于提供标准而廉价的住宿，而是通过网络平台为顾客提供具有特色的产品。供应者们为了能够在众多供给方中脱颖而出占据有利位置，他们都会在房屋的布置、装潢上下功夫。供应者不仅给游客提供了更人性化和具有地方特色的家居、设施和装修风格。而且房源类型多，可供选择的类型比较广泛，可以是公寓、别墅、民居等，满足旅游、教育、医疗等多种需要。

（5）服务个性化

在旅游分享经济环境下，P2P 住宿的买方不再受地域的限制，也不用考虑语言问题，因为可以定制服务，所以顾客可以将目光不再仅仅集中在最低价格上。服务个性化和质量在一定程度上成为购买活动的关键。这样使得 P2P 住宿的供给方打破固有服务模式，更加个性化地为游客服务，以提高其产品的吸引力。

（6）品牌个人化

P2P 住宿商业模式意于树立个人品牌和信誉，分享经济网络平台就可以提供这个方面的功能。供应者纷纷直接面向顾客提供商品或服务而不是传统的使用商业组织的头衔。这样他们平时被忽视的能力和才华就能够通过分享经济网络平台得到充分的发掘和释放，而他们优质的、个性化的完美服务，使得供应者们更容易获得了比在商业组织范围中更广泛的成就感和知名度（孙哲，2016）。

（7）跨文化

21 世纪，旅游的重要特征是社交化和体验化，这一观念也体现在旅游分享经济的消费中（李庆雷、娄阳，2016）。分享经济时代的旅游者相比传统经济时代的旅游者而言，更加注重和旅游目的地居民或自由从业者的沟通交流。游客可以通过和居民的交流沟通全面获取交通、住宿甚至是餐饮、购物、休闲娱乐等信息，从而获得新鲜感，他们觉得这样的旅行才有意义，才更值得去深入体验。在 Airbnb 看来，他们提供的不仅是“住宿”，而且提供了可以和当地居民进行深度的文化交流。

从顾客角度来看，P2P 住宿产品为在外旅游的宾客提供了更多个性化选择。

由于是闲置资产的交换，可以降低顾客的交易成本，使顾客获得性价比高的产品和服务。在进行住宿交易的过程中，游客还能增强与当地人的交流与互动，深入到当地的文化之中，感受和体会当地的生活，这与传统的住宿相比较，丰富了旅游内容，满足了游客的好奇心，提高了游客的兴趣。这种具备浓厚的人文气息，充满独特的产品个性，能够给房客提供在家一般轻松自在的入住感觉，与普通酒店的体验与感受截然不同。

从房东角度来看，房东们可以通过对业余时间的利用来增加收入。这种自由的职业不会产生紧张的压力。P2P 住宿商业模式能让从业人员比较自由地进入或退出市场。房东有很强的自我选择权。它也减轻了个人对社会的依赖。人们对灵活就业的向往和经济收入的提高，也大大促进了 P2P 住宿商业模式的发展。

从社会角度来看，P2P 住宿商业模式的优势表现在充分利用了社会闲置的房屋资源。房屋资产所有者为了可以获得额外收益，主动通过交易平台多次“出售”自己的闲置资产。而消费者乐于购买这样的产品，因为可以支付更低的价格便可获得更符合自己心意的产品“使用权”，降低了出行成本。对于整个社会来说，闲置资产的高效利用率，大大提高了房屋固定资产的使用效率，降低了土地开发与酒店扩建成本，避免了投资重复和环境“再次消费”带来的社会资源浪费（王文慧，2016）。

2.2.3 P2P 住宿商业模式与传统住宿模式的区别

P2P 住宿模式与传统的住宿模式差异显著，主要体现在：相对于酒店成本更低（Balck & Cracau，2015；Botsman & Rogers，2011；Gansky，2010；Guttentag，2013；Lamberton & Rose，2012；Owyang，2013；Sacks，2011），结交朋友的机会（Kohda & Matsuda，2013）和与当地小区的互动更多（Botsman & Rogers，2011； Guttentag，2013）这三个方面。

P2P 住宿商业模式在价格竞争中的优势非常突出。因为旅行预算对旅游的行为影响非常大，旅游中的显性成本分为固定成本和可变成本。例如交通就属于固定成本，而住宿和活动的费用属于可变成本。当与高固定成本（例如国际旅游的运输成本）相结合时，降低住宿成本可能导致更长的旅游停留时间。而且较低的住宿成本也导致总旅游成本的降低，允许旅行者的预算容纳更多的内容。所以，P2P 相对低廉的住宿价格会导致消费者更多的旅行行为（Tussyadiah & Pesonen，

2016）。由此可见，P2P 的住宿商业模式在市场上越来越受消费者欢迎。

研究人员普遍认为，旅游行业至少应该包括如下三个方面的内容：旅游吸引物、住宿业和令旅游者感到舒适的环境（Leiper，2004）。其中，住宿业为旅游者提供住宿设施和相关服务。在旅游者的总体旅游消费中，住宿支出占很大比例，通常占旅游支出的 33% 左右（克里斯•库珀，2004）。同时，传统的住宿业分为商业型和非商业型两大类，商业型住宿包括酒店、汽车旅馆、住宿加早餐型旅馆和分时度假酒店。 传统的商业型住宿业并没有 P2P 住宿模式，它作为一种新兴的商业模式，作为旅游分享经济的产物，与传统的酒店业和分时度假最容易混淆。那么，分析它们之间的区别，有助于人们更好地了解 P2P 住宿商业模式。

第一，P2P 住宿商业模式与传统酒店业的区别。

在传统酒店系统中，房间数是固定不变的，无论是否有顾客入住，每天固定的房租和员工支出是必须支付的，这属于集中式的重资产模式，所以这种模式需要保证低客房空置率来达到盈利的目的。根据酒店的等级划分为高档、中档和低档或经济型（陈蕾，2011）。因此，它不会和顾客主动接触，只是和旅行社或者中介网站等机构进行合作，从而接触到更合适的顾客。当然此环节其实很复杂，有的酒店需要经过三四层中介机构才能完成这项工作。P2P 住宿商业模式是房东的闲置房屋，它不承担任何成本，只需要把自家的房屋发布在网络平台上，顾客如果感兴趣，会自己与房东联系。具体的 P2P 住宿商业模式与传统酒店业的区别如表 2-2 所示。

表 2-2　P2P 住宿商业模式与传统酒店业的区别

比较内容	P2P 住宿商业模式	传统酒店业
与传统中介合作	不需要（只用于网络平台）	需要（除网络平台，还与旅行社或订票站等合作）
租用地产、设施	不需要（房东提供）	需要
雇佣服务人员	不需要（房东提供）	需要
系统评价	双向（房东和顾客）	在第三方网站，一般为单项评价（顾客）
扩张成本	不需要	需要
会员制	不需要	需要

第二，P2P 住宿商业模式与分时度假的区别。

分时度假（Timeshare）是指消费个体在一年当中的特定时期对某个度假资

产所拥有的使用权，它只是度假资产的一种形式而已。这一概念最早可以追溯到20世纪60年代的欧洲。据说是在法国阿尔卑斯山脉下的一个滑雪场开发商用创新理念改变了雪场经营的模式，开发商鼓励客户“买一间旅馆”，而不是“租一间旅馆”。结果使得它在市场上迅速地扩大了自己的占有率，实现了成功的经营模式。从那以后，分时度假的模式也迅速地在世界各地蔓延。只要是有效期在3年以上且规定消费者按某价格付款后，都会直接或间接地获得在当年的固定时段使用该房产权利的合同，当然前提条件就是住宅设施都是已经建成使用或即将交付使用的项目资源（Upchurch & Lashley，2006）。分时度假与旅游分享经济下P2P住宿商业模式的区别如表2-3所示。

表2-3　P2P住宿商业模式与分时度假的区别

比较内容	分时度假	P2P住宿商业模式
产生的时间	20世纪60年代 欧洲	2008年经济危机 美国
产生的原因	首先，大部分顾客都没有在度假地购买一份属于个人的资产的财力或实力。其次，就算购买了度假资产的业主，基本都不会长住，使得该资产处于长期闲置的状态	全球经济危机和环境危机不断增加，使得消费者对资源再利用和环境保护意识更加敏感，对闲置资产价格也更为谨慎
模式	产权：先成为资产所有者，再出租资产 媒介：一般通过代理商 主体：代理商对个人 客体：有形的房屋 目的：供自己及家人休闲度假	产权：所有权不改变，只出售使用权，并且为闲置资产 媒介：网络平台 主体：个人对个人 客体：有形的房屋和无形的服务 目的：获得经济利益

总体来看，P2P住宿商业模式与传统的住宿模式是有本质上的区别的。一般的传统租赁市场很少按天来计算房屋租赁服务，传统酒店业虽然有按天出租的客房，由于固定设备、地理位置和人员成本，使得价格很难灵活。由此看来，传统的住宿业缺乏灵活性。P2P住宿商业模式是转移闲置资产使用权，网络平台几乎以零成本的设计节省了线下寻租、登记、支付人工等投入。它还提供了比传统住宿业更加多样化、本土化的产品和服务，相比统一僵化的传统住宿业更加吸引人。

2.2.4 分享经济与旅游 P2P 住宿商业模式的关系

旅游分享经济最先影响的是旅游住宿业。以 P2P 住宿商业模式为代表的非标准化住宿业正在蓬勃发展，已成为推动国内外住宿业发展中一个不可忽视的力量。同时，P2P 住宿商业模式与旅游分享经济有着不可分割、相辅相成的关系。具体体现在如下几个方面：

（1）自助游推进 P2P 住宿商业模式

非标准化住宿业急速增长可以直观地反映出消费群体对于自助旅游的渴望，也表明自助游爱好者是非标准化住宿模式的忠实粉丝。团队游已经不符合人们生活水平的提高和日益增长的旅游需求，跟团游受困于时间和路线因素，所以人们对于自助游产生了极大的兴趣，因为它可以完全按照自我意愿安排活动，可以更加自由更加惬意，没有导游的限制和陪同，它可以很好地满足人们对放松和休闲的要求，满足率性而行的放飞式需求。据调查，在中国首都北京，90%的年轻人选择自助旅游，上海年轻人选择出游方式时同样大多数人都希望自助游。艾瑞数据（2017）显示，2016 年中国在线度假市场结构同 2015 年相比变化不太大，仍然是以自助游为出游的主要方式，而且这个比例有不断增加的趋势。在线自助游占比为 56.2%，较 2015 年上升了 0.7%；跟团游比重为 43.8%，较 2015 年也下降了 0.7%。当下，中国经济飞速发展，人们生活水平不断提高，消费群体对于旅游的需求将会呈现出个性化和多元化趋势，而跟团游行程固定，不能很好地满足个性化和多元化旅游需求，所以其比例肯定会逐步缩小。2016 年中国在线旅游度假市场结构如图 2-3 所示，本图是按自助游和跟团游占旅游市场交易额比例划分的。

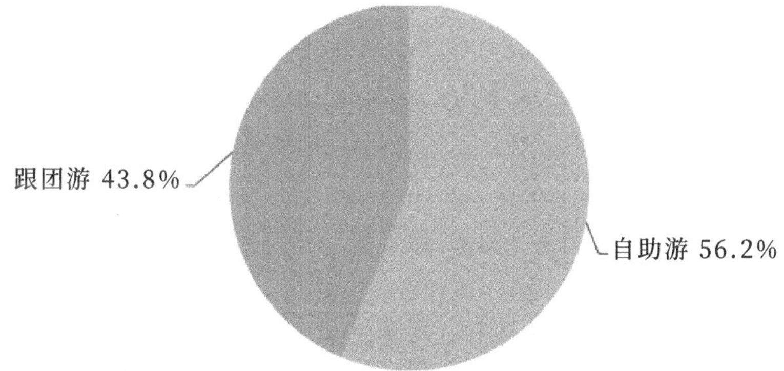

图 2-3　2016 年中国在线旅游度假市场结构

和团队游不同的是，自助游更加个性化，能够体验与众不同的感觉，自助游者更倾向于当地的民宿，以此更好地体验当地的历史文化和风土人情。P2P住宿商业模式已经不再是传统意义上的民宿模式，它包括了稀奇的窑洞、土炕、茅草屋，还有城堡等极具特色的房屋。在旅途中能够认识不同的人，倾听不同的故事，获得特别的体验，如今已成为现代旅游者的追求，P2P住宿商业模式正在逐渐改变人们的旅行方式和消费观念。

（2）旅游分享经济为P2P住宿商业模式的持续发展提供了优良平台

可持续发展一直是旅游业关注的重要领域（Lai，Hitchcock，Yang & Lu，2018），而分享经济视角下的P2P住宿商业模式正好可以促进旅游业的持续发展。

首先，P2P住宿商业模式使得旅游分享经济的消费更新和升级。数据调查显示：中国人均GDP在2011年时就已经高于5000美元，这就表示中国已经进入多元化度假游阶段（莫燕林、史小珍、马丽卿，2017）。所以中国的国民已经不再满足于跟团游那种走马观花式的体验，尤其是“80后”“90后”“00后”后成为新一代中国互联网消费群体，他们更加喜欢放松自我、无拘无束的旅游体验。而且在线预订方式可以更好地满足自助游的性价比，所以自助游将会越来越被旅行者选择。

其次，分享经济在线旅游为P2P住宿商业模式开拓了市场。日益成熟的移动互联网基础条件成为分享经济的有效技术保障手段。当顾客减少了对实体旅行社的依赖，另一种分享经济模式的旅游就会逐步诞生，它不仅让人们体验到了更加便利、舒适、快捷的商品服务，还可以用一种愉快的方式分享民宿带来的快乐（莫燕林、史小珍、马丽卿，2017）。随着互联网普及的深入，进行在线旅行预订的游客数量快速增长，根据2016年《第37次中国互联网络发展状况统计报告》，截至2015年12月，在网上预订过旅游产品的网民人数超过了2.6亿，较之两年前同期增长了3782万人，增长率为17.1%。在信息技术的推动下，在线旅游平台相对于传统旅游经销商具备更广泛的优势，因此在线旅游平台越来越受到大众的垂青（李婧宁、武邦涛，2017）。2016年《中国分享经济发展报告2016》指出，国内的房屋分享以在线短租最为典型，服务类型分为P2P和B2C两大运营模式（国家信息中心课题组，2016）。2011年至今，途家网、住百家、小猪短租、自在客、大鱼自助游、木鸟短租等在线旅游平台发展迅速。2018年《中国分享经济发展报告2018》指出，小猪、爱彼迎（Airbnb）、途家以及新入局的美团在分享经济房屋住宿方面都有不俗表现（国家信息中心课题组，2018）。由于这些平台包容性很强，所有内容不一定都是分享经济领域下的 P2P 住宿商业模式，但是无疑它们提供了大量的 P2P 住宿，丰富了游客选择，为 P2P 住宿商业模式开拓了大量的市场。

（3）国内外政策利好不断使 P2P 住宿商业模式迅速传播

基于分享经济对改进人们生活方式和促进社会经济发展等作用的不断彰显，许多国家越来越认识到分享经济的重大意义，对待分享经济的态度也发生了根本性变化，从最初的观望、犹豫逐渐转变到明确支持。早在 2016 年发布的《中国分享经济发展报告》中，国家信息中心信息化研究部、中国互联网协会分享经济工作委员会对英美两国发展分享经济的措施进行了概述，如表 2-4 所示。

表 2-4　英美两国发展分享经济措施

国家	举措	日期	成效及期望
美国	出台《促进创业企业融资法》（Jumpstart Our Business Startups Act），即“JOBS 法案”	2012 年 4 月	第一个股权众筹合法化的国家
	17 个城市议会和 4 个州通过了合法化专车的城市条例支持分享经济	2014 年	2015 年 8 月，合法化专车的城市与州合计就扩大到 54 个
英国	成立 SEUK；出台针对不同行业的鼓励、扶持政策；专项资金；税收优惠；打造服务型政府等	2014 年 9 月	打造分享经济的全球中心以及欧洲分享经济之都

数据来源：本书研究整理

当前中国人口红利逐渐消失，资源环境约束趋紧，转型发展需求迫切。中国分享经济应运而生，创新创业如火如荼，本土企业致力创新，各领域都在聚精会神搞建设，一心一意谋发展。以分享经济住宿为例，2016 年国内闲置房屋超过 7000 万套，参与的用户 3500 万，分别占现有房源数量的 2.57% 和全部旅游人次的 2.25%，足见其市场发展潜力之大。国家“十三五”旅游业发展规划提出推动旅游分享经济商业模式创新，开展互联网约车、民宿旅游接待、分时度假等分享经济试点项目（国家信息中心课题组，2016）。2018 年《中国分享经济发展报告 2018》指出，2017 年以来，住建部、国土部、国家发改委、文化和旅游部等部委发布的相关政策，涉及房源供给、土地供给、旅游民宿发展等有关内容，有利于推动住房共享的快速发展（国家信息中心课题组，2018）。P2P 住宿商业模式之所以能成为旅游产业中新的盈利增长点，离不开我国政府对分享经济发展的大力支持。

（4）P2P 住宿商业模式的高附加值为旅游分享经济增加魅力

旅游消费是一种体验，是在旅游者对旅游产品进行实际消费的过程中获得的，正是这种实际体验决定了旅游者对产品的态度。旅游者在旅游消费的过程中，花费的是金钱、时间和精力，最终想要体验到的是美妙的回忆、感受、丰富的人生阅历和当地富有特色的政治、制度、地域、民族、饮食等丰富多彩的文化。而蓬勃发展的分享经济 P2P 住宿商业模式作为一种全新的文化体验载体开启了人们旅行的新方式。这种新方式会很好地改善传统旅行中我们日渐厌倦的千篇一律的旅游体验（包括传统标间、没有特色的饭菜和人人都去的“经典”景点等），降低旅游者的心理期望和实际体验的反差。

此外，P2P 住宿商业模式还体现了产品全生命周期管理和源头控制的理念，是践行绿色 GDP 和 PDCA（动态循环管理系统）经济的有益探索，有利于旅游地环境保护和生态文明建设（李庆雷、杨亚南，2016）。

2.2.5　国内外对 P2P 住宿商业模式研究的进展

由于 P2P 住宿商业模式是伴随旅游分享经济而诞生的产物，所以发展历程很短，国外学界对这一领域研究也只是最近三五年才开始而已。Guttentag 2015 年认为，Airbnb 是一种典型的“具有破坏性的创新”，因为其只针对部分人群的细分市场具有很强吸引力，能给整个住宿业带来的影响有限，但会给旅游目的地带来更多新商机，有力促进游客对目的地的到访，为旅游者特别是在旺季提供更多房源选择。Ert 等人在 2016 年的研究则更具创新性，从 Airbnb 房主发布的照片以及大众对图像的认知来研究，分析了其对市场选择行为的引导影响，从技术角度为旅游分享经济网络平台更好针对市场和顾客提供服务和参考。Forno 和 Garibaldi 2016 年针对意大利分析了旅游分享经济中度假房屋的市场，发现这一行为主要建立在信任的基础上，并提出该细分市场具有开放、灵活的特征，进而探究了分享经济对旅游业产生的影响。Fang 等 2016 年搜集 Airbnb 网站上美国爱达华州的房屋数据作为研究对象，发现由于 Airbnb 网站有更低的房价，促使更多的游客到访，并且分享经济产生了较多新的旅游就业岗位，但这一溢出效应会随着低端住宿酒店业受冲击而被取代，导致一些人员失业，它的边际效应是递减的。Tussyadiah 和 Zacha（2017）探讨了网络评论的重点内容和主题，解释了顾客寻求 P2P 住宿的主要服务属性。其结果表明，顾客评论中经常提到的属性与兴趣点、旅行目的、房东的服务和招待以及住宿设施和氛围有关。重点关注了受欢迎与高评分的房屋，包括信息可靠性、卫生、入住、沟通、性价比和整体评级的一致性。由此证实了 P2P 住宿是吸引了有一定经验和有一定动机驱动的消费者。Tussyadiah 和 Pesonen（2016）针对来自美国和芬兰的两个在线调查，确定了 P2P 住宿显著影响了目的地的选择。P2P 住宿这种可以与当地人进行更有意义的社会互动和独特体验，促使旅游者们产生经常旅行、停留时间更长、并参与更多的活动的欲望。此外，P2P 住宿降低了住宿成本，可使游客考虑并选择其他成本高昂的目的地的旅游活动。Tussyadiah 于 2016 年还考察了 P2P 住宿的满意度，更好地理解了分享经济下顾客行为的特征。有学者通过对 P2P 住宿的顾客偏好研究，发现公寓、住宅和住宅加早餐三种房产类型非常受欢迎（Moloud & Neil，2017）。Dornier 和 Selmi（2018）对山区的 P2P 住宿进行研究，结果显示山区游客在 P2P 住宿选择上比城市游客更加敏感，更具有可持续性。Boxrall 等学者（2018）研究了残疾客人选择 P2P 住宿的意图，探讨了这部分群体在分享经济中的需求。Prayag 和 Ozanne（2018）对 2010—2016 年期间的 P2P 住宿文献进行了系统的回顾，认为其发展受宏观层面、政权反映、主人与客人经验、营销等方面的影响。国内对这一领域的研究相对比较少，一般还处于宏观视野分析阶段。王文慧在 2016 年的研究中提出，分享住宿产品已在互联网的推动下成为解决外出旅游宾客住宿问题的另一新型住宿形式，它不仅为旅游者提供了多元化的住宿选择，还有效节约了社会闲置资源，推动了民间经济的发展。但是分享住宿产品的发展也面临着一些亟待解决的问题：比如供需双方风险规避问题、政府监管问责问题、行业规范和标准缺失等问题。因此，要想更好地实现分享住宿产品的可持续发展，我们必须从政府、市场和供需双方等四个主体方面入手，建立完善的信用机制和监管体系，有效提高产品质量与管理水平。

2.3 理论基础

2.3.1 ICT 理论

（1）ICT 理论介绍

ICT 是信息、通信和技术三个单词的英文首个字母的组合（Information Communications Technology），也叫信息通信技术。它是信息技术与通信技术相融合而形成的一个新的概念和新的技术领域。

十多年前，当人们提及信息技术（IT）时，通常指的是运用计算机或其软件技术来处理信息的技术；而通信技术或电信技术，则是指用电的手段来传递信息。随着科学技术突飞猛进地发展，这两个行业之间的界线越来越模糊，它们相互渗透、相互融合，朝着相同的方向发展，即网络化、宽带化、多媒体化（刘晓明，2010）。信息通信技术是将技术高速灵活地加工处理与通信网络克服时空限制传递信息相结合，产生聚合力量，对世界各国经济的发展具有重要作用。

当前，信息化发展日新月异，人们的价值观和时空逻辑思维受信息通信技术的强大整合力量影响而不断发生改变，并动摇了基于固定空间领域的所有组织形式（Castells，1996）。旅游者甄选的各类交易平台和新的在线服务设施所代表的信息通信技术使游客选择的空间规模获得了极大提高，他们能够更方便、更高效地与外界沟通，从而突破传统的"时空距离"限制。特别是旅游市场上，信息通信技术赋予了广阔的服务设施和空间选择自由。对于市场而言，空间距离遥远和规模小不再受限于地方的市场，网络平台的去中心化使每一个人都有机会出售自己的产品。信息通信技术的普及也改变了人们工作和休闲在时间和空间上的分离。人们的选择方式由集中化、标准化向分散化、多样化转变（刁志波，2013）。

（2）ICT 理论对旅游业的影响

信息是伴随旅游自始至终的关键因素，因为当旅游者决定外出旅游之前，总是要千方百计获取各种旅游信息，然后将其进行博弈，从中找出各种理想的服务设施和路线，从而避免旅游过程中的不确定性和不可测性。学者 Lai 等人（2017）研究发现信息和通信技术（ICT）已在几乎所有旅游领域得到广泛应用。

不断提升和优化的信息通信技术主要包括三方面：一是基于云计算、智能计算等技术形成数量庞大的"大数据库"；二是移动互联网技术和在线支付等技术的快速发展；三是信息存储技术和分析技术的不断发展以及网络硬件的不断升级。信息通信技术进步对旅游产业的影响主要包括：首先，为旅游企业分析、研究游客需求创造了条件（Fodness & Murray，1999）；其次，解决了传统线下手段解决不了的在线交易支付与担保问题；最后，VR（虚拟现实）、AR（增强现实）等技术为实现和改良旅游者体验提供了新的方式（毛剑梅、锁箭，2017）。技术条件的优化、升级和具有高度智能型的全球信息网络使旅游产品形态创新成为可能，也使旅游类型日渐丰富化，不仅拉近了全球民众的时间和空间距离，使个体旅游者的消费需求在全球范围内得到响应，也使得满足旅游者的个性化需求成为可能（张凌云，2012）。

信息通信技术使得游客更大范围获取更多信息和资源，具有差异性和互补性，网络式旅游平台企业的出现成为旅游产业向纵深发展的重要特征之一。交易成本因为新兴的在线旅游平台和营销手段而降低，住宿运营模式也趋向多元化和灵活化，越来越多的个人开始提供旅游产品和服务，日渐成长为专业化的旅游从业者（毛剑梅、锁箭，2017）。例如奉献旅游攻略、提供私家车、成为 P2P 住宿主人、发起团购，等等，这些旅游从业者具备双重身份，除了可以提供旅游产品和服务外，他们本身也是旅游产品和服务的消费者，即学界常称的“产消者”。这个新兴群体一改传统旅游的专业化和规模化，极大地促进了现代旅游的零散化和社会化，从而为盘活闲置资源，实现资源共享，为旅游产业创造更高的社会效益铺平了道路。

旅游业创新的重要中心和纽带正是信息通信技术提供的交易平台和信息平台，例如携程网、大众点评网、马蜂窝攻略交流群等，为游客开展旅游活动提供有效且相对全面的信息，并且为游客所需要的旅游产品提供有价值的参照。海量的线下或者在线旅游服务商经过这些平台的优化整合，游客可以通过在线、线下购买的比较分析，实现在平台上的一站式采购，享受无差异服务。

（3）ICT 对游客消费行为的影响

据研究，1995 年至今，游客的消费行为呈现出个性化和信息化的特点（王亚峰，2010）。正是由于互联网信息技术的广泛应用，人们的生活质量在不断提高，出游需求也越来越多样化，人们的住宿观念和出行观念也逐渐发生了转变，这种观念的转变通过信息技术的力量实现了对社会资源的配置，直接交易的模式减少了交易的中间环节，人们节约了交易的时间成本和金钱成本（赵致萱，2017）。信息通信技术对游客消费行为的影响从以下几点可以看出：

①信息技术影响各种收入水平游客的消费行为

高收入游客指的是大部分时间贡献于职场，基本没有闲暇时间旅游的有着较高收入的群体。他们非常看重宝贵的闲暇时间，在旅游消费时追求更多的是精神和服务上的时尚化与个性化的享受。在旅游方式的选择上，这些人更倾向于选择自驾游、自由行、探险、徒步等个性休闲方式。信息通信技术的应用恰恰满足了高收入游客的心理需求，可以为这类旅游消费者提供出行前、出行中、出行后的充分信息搜集准备，使其消费方式更加丰富，使其时间安排更加精心、合理、高效。

中等收入游客指的是有固定假期，在满足日常消费之外略有结余，收入比较稳定的群体，主要包括普通公务员、教师、普通专业技术人员、事业单位人员等。他们是旅游市场的主要消费群体。旅游方式主要是以观光旅游为主，对个性化产品需求相对较少。他们在进行旅游消费时，会更倾向于通过网上或实体店选择，对比旅游团队的价格，旅游路线的性价比，旅游方案的类别、等级、项目内容、交通工具等方面的差别，做到自己“利益最大化”。显而易见，信息通信技术能够使选择购买观光旅游产品更加便捷。

低收入游客指的是自由时间较多，没有固定收入，或者有固定收入但收入较低，基本可以满足日常消费的群体。比如在校大学生或者刚入职场的年轻人，他们虽然收入低，但是有一定的旅游需求，旅游方式倾向于普通观光或者比较经济、实惠的个性化自助游。借助于信息通信技术，这部分旅游者会着重选择购买产品经销渠道少、价格低廉的旅游项目，满足他们旅游消费行为多样化和经济型的特点。

②信息通信技术影响游客消费的行为过程

研究表明，游客消费行为受旅游动机影响较大。传统旅游业中，旅游信息不对称，其旅游产品与服务的销售渠道呈现出金字塔式的结构。而伴随信息通信技术蓬勃发展的现代旅游业，有效改善了游客旅游动机、心理与旅游实际消费行为之间出现的这种反差，其旅游产品与服务的销售渠道也逐渐过渡演化为一种扁平化结构，游客不仅可以在消费过程中随心所欲购买旅游产品与服务，而且还可以在线查看其他游客消费行为后上传、填写的照片、评论与建议。在与其他游客共同交流、搜集信息和获取间接旅游经验的过程中，旅游者出游前的动机得到了进一步的激发，旅游的意图也得到了不断的修正与完善，对旅游目的地的判断也逐渐趋向于客观与理性。

当前信息通信技术的发展实现了游客消费行为向更加自主、灵活方向发展的转变：一是旅游需求从大众化向个性化的转变；二是旅游意愿从被动参与向主动参与的转变；三是产品与服务从定制性向非定制性的转变；四是旅游决策的狭隘性、刻板性、规矩性向扩展性、随意性和临时性的转变；五是消费普通观光式的旅游产品向具备高附加值的活动或体验产品的转变。通过基于信息通信技术开发的各种 App 或者基础网络页面，游客可向旅游公司主动提出需求，自主设计行程，并且积极寻找能够实现的方法。

③信息通信技术影响游客使用信息渠道偏好

王亚峰（2010）根据消费者对信息技术的偏好程度，把游客划分为三个类别：传统型游客、过渡型游客和网络型游客。不同类别游客也呈现不同的特点，如表 2-5 所示。

表 2-5　不同类别游客特点

类别名称	群体	使用偏好	行为内容	发展走向
传统型游客	主要是对网络不熟悉的老年人或受教育程度不高的工薪人员	主要依靠传统媒体	线下方式购买产品与服务	随着网络技术和智能手机的普及，这类消费者的数量会越来越少
网络型游客	从传统型走向网络型的消费者；目前中国旅游市场的主流	把网络作为信息收集的工具之一，并不是作为交易工具的全部	较重视在网络上搜集相关信息，然后把相关产品或服务与实体店进行比较，但往往最终还得依靠线下的方式来购买旅游产品	日趋衰落
过渡型游客	主要是青年人或受教育程度较高的工薪人员	全部通过网络来完成与旅游有关的购买行为	这部分群体旅行安排包括最初的信息查询、计划安排、预订联系、线路设计、相关的交易支付及旅游行为结束后对产品和企业的评价他，等等	因其增强买卖双方信息交换的互交性和增强旅游产品提供者对游客追求核心价值的理解，所以是未来发展大趋势

数据来源：本书研究整理

2.3.2　网络社会理论

从 20 世纪末至今，网络社会已成为很多学科甚至大众纷纷推崇的关键词和流行词。许多专家学者在作各自学科、领域相关研究时，对“网络社会”都赋予了相当的情感，都愿意把它作为自己研究问题的语境或社会背景。生活中，人们对这个新事物的出现也赋予了基于各种考究的不同意义，并且随着时代的变迁，“网络社会”的概念也逐渐加入了不同的元素。通过梳理已有文献，发现到目前为止，对网络社会这个概念的解读大致可以分为两类不同含义：第一类是指一种新的社会结构形态，在英文文献中通常表述为 Network Society；第二类是指虚拟网络空间，在英文文献中通常表述为 Cyber Society（于波，2011）。本书采用的网络社会的概念为前者，即把它作为现存的一种新的社会结构形态，在此理论基础上，对 P2P 住宿商业模式进行理论层面上的解读和深入研究。

（1）网络社会理论的内涵

网络社会一词，首次出现于学者狄杰克（Dijk）于 1991 年出版的书中。狄杰克认为，网络社会是由各种不同网络交织所形成的，而网络也决定了社会的走向和目标，影响的层次包括个人、组织以及社会。1996 年，Castells 指出社会成员之间的互动、沟通之所以不断加强，正是由于科学技术日新月异的发展与进步所导致，社会组织的形态也逐渐实现了从垂直式或水平式向平铺式和分散化的转变。在网络社会理论的基础上，甚至可以将社会结构解释为多种节点之间的紧密有机的联系（曾玉梅，2010）。这样我们不仅能够更加深刻地理解社会结构的本质，还能对人、组织和社会之间的关系产生新的认识，推动该理论的深入研究与发展。而今，在社会科学研究范畴中，“网络社会”一词已经得到广泛应用。

曼纽•尔卡斯特，20 世纪著名的社会思想家，在其著作《网络社会的崛起》（2001）中，他对“网络社会”的现代意义赋予了全面深入的解释和描述。他指出一种历史趋势将会形成，即网络正在日益组织起信息时代的统治和支配性功能作用。新的社会形态因网络的纵深发展得以逐步建构与更新，而生产、经验、权力与文化过程中的操作和结果也因为网络化逻辑的扩散而得以实质性地改变（于波，2011）。信息技术革命正在成为现代意义网络社会最重要的驱动力之一。在信息时代三部曲中，卡斯特向读者展现了当今世界大的发展趋势，技术进步在历史变革中发挥着核心的作用，既然网络就是社会，同时没有相应的技术工具，社会也不可能被理解和塑造。因此，现代意义的网络社会是伴随着信息技术兴起的一种全新的社会形态。网络社会首先是现实的社会，是一种广泛交往的社会结构，同时也是充分利用信息技术作为人类社会实践活动的技术支持，也就是说网络社会理论是在信息技术理论（ICT）的基础上发展起来的，我们可以推断出网络社会是一种共同体，这个共同体存在于人类社会结构变迁过程中，它作为一种人类社会实践活动，基于新生社会关系网络与信息技术网络相结合而产生与发展的（于波，2011）。

（2）网络社会的特点

在网络社会理论中最基础、最核心的概念是网络，这是一个很简单化的模糊术语。然而这个概念的模糊性使得网络社会的概念更加具有包含性，同时也体现了它的特点。

首先是经济形态信息化、网络化和全球化。信息化表现为各经济体的内部群体及其个人生产、处理和利用信息的方式、手段、过程和成效，这也是决定他们生产能力和竞争能力的关键要素。网络化表现为如果要想保持生产力的持续发展和有效竞争，那么我们必须依靠全球网络来实现企业、个体和社会网络之间的互动。如果要想促进全球经济发展，那我们必须依靠以互联网为中心的通信技术为我们提供新技术和新科学的管理知识，逐步使网络成为生产力增长的基础。全球化表现为在全世界范围内组织生产和消费、商品服务和流通等活动，同时开展金融、贸易、生产、科技等活动。

其次是组织形式网络化。由于工业革命之后的企业制度缺乏活力，体制僵硬，传统大型实体企业必然面临发展瓶颈与发展转型，新兴的现代网络型企业因其具有更加灵活的营销机制和制度红利而更具发展潜力与优势。

最后是工作方式灵活化。网络社会促使劳动空间划分，原本不可能的劳动流程、工序的非集中化成为可能。企业的生产组织方式也因灵活的劳动空间划分，分散的生产流程、工序，可供选择性的工作场所及多样化的服务形式而变得非常灵活，劳动力的工作方式日渐呈现出丰富多样的形式。网络社会中人们可以选择更多的信息技术工具来进行生产和改善工作。

（3）网络社会理论是分享经济发展的基础

据上所述，分享经济是指利用互联网等现代信息技术整合、分享海量的分散化闲置资源，满足多样化需求的经济活动总和。从其定义中我们可以看出，面对人人参与的大众化市场，信息技术是分享经济得以发展的基础和纽带，可以实现产品、服务所有权与产品、服务使用权的有机结合，将供给与需求双方在传统旅游业原本就难以实现的线下交易进行有效衔接，共享社会闲置资源，这本身就是双赢的关系。

网络社会理论之所以能够作为分享经济发展的理论基础，主要体现在以下三个方面。第一，信息技术和移动互联网的迅速发展，增强了信息的海量搜索、科学匹配以及精准定位等功能，使人们的消费方式更加便利，生活方式也更有创新。第二，人们价值观念的转变。网络效应升级了人们的消费需求，增强了人们互相联系的频度，降低了与他人互动的成本消耗，他们更加着重关注环境质量、生活质量、社会关系等给自己带来幸福指数和使用价值的高低。第三，日益完善的社会信用体系。分享经济模式是消费者到第三方网络平台再到产品与服务供给者（生产者），没有三方的相互信任、隐私保密和良好的社会信用监管惩治体系作为基础、条件和保障，就谈不上成功的交易。

2.3.3 破坏性创新理论

（1）破坏性创新的概念和内涵

创新理论最初起源于 19 世纪初。1912 年，美籍奥地利经济学家约瑟夫·熊彼特（2012）在马歇尔理论基础上出版了著作《经济发展理论》，创立了经济理论、经济史、经济统计三者相结合的研究方法，并第一次将“创新”作为经济研究的核心理论提出来，在经济发展和经济周期领域开辟了一条崭新的研究思路。他的研究勾勒了创新理论研究的基本框架，描绘了创新的类型，解答了关于创新的一系列重要问题，比如：创新的概念、创新的主体、创新如何影响经济增长、创新如何影响社会发展等。从 20 世纪 50 年代开始，以电子技术为核心的技术革命在全球迅猛开展，如何迎接突如其来的科技革命，抓住机遇，促进国家和企业跟随时代和科技高速发展成了企业家们最关心的问题。因此，这一阶段的创新理论日益受到社会高度重视、广泛研究和普遍应用，涌现出了很多优秀的研究成果，但是仍有许多问题没有明确的答案。

20 世纪 70 年代到 20 世纪末，《财富》杂志第一次评出的世界 500 强企业，已有近 300 家企业被依靠高科技迅猛发展的新型企业收购、兼并，不复当年盛况（郭政，2007）。管理完善且拥有强大实力的企业却在技术变革中被淘汰，这让人们匪夷所思，也引起了学术界的广泛关注。首次提出破坏性创新理论（Disruptive Innovation）的 Christensen 和 Clayton（1994），解释了这种违背传统行业、企业发展规律的现象，“破坏性创新”理论由此诞生。

Christensen（1997）对传统的强势行业，如磁盘驱动器行业、挖掘机行业和钢铁冶炼等多个行业的兴亡史进行了深入研究，敏锐地捕捉到技术创新在市场创新上的重要作用，首次将二者成功地结合在一起，提出了“行业发生的一系列匪夷所思的变化需要用破坏性创新理论来解释”的结论。他指出，企业实力越强大，面对时代创新变革时好像越保守，更墨守成规而止步不前，终被时代和市场淘汰。他把创新分成两类——维持性创新（Sustaining Innovation）和破坏性创新（Disruptive Innovation）。维持性创新的主体是主流市场上的高端消费者，这些消费者目标明确，往往倾向于得到更好的产品和服务（郭政，2007）。维持性创新大部分是不断地修正、完善、渐进式的，这也是几乎所有企业都一直希望的权威做法和发展目标，其中有些维持性创新可能生产出了具有突破性、颠覆性的产品，但是它在创新过程中并不总是依靠高超的现代技术，然而却总是在惨烈的主流市场竞争中脱颖而出，产生丰厚利润。Gopalakrishnan 和 Bierly（2001）得出结论：维持性创新是增强企业竞争能力的一个重要手段。与之相反，破坏性创新的目标大多并不面向主流市场，因为该理论认为即使企业不能为客户提供面向主流市场那样更好更优秀的产品，它们也可以通过向市场低端消费群体输出与现有产品相比较差的产品和服务，或者提供比较简单、便利和价格低廉的产品，这样也能吸引那些市场上不太挑剔的顾客，发掘他们本来有限的消费潜力，这反而成了他们发展的动力来源之一。由于破坏性创新惯于开发新的市场模式，并且不断改变行业市场竞争的重心，某些企业的核心能力会被削弱，在以后的市场生存中面对更加巨大的竞争挑战（Danneels，2004）。

在 Christensen 研究的基础上，国内外许多学者也逐渐提出了自己对破坏性创新理论的观点和看法，本书按时间顺序整理成表 2-6 国内外学者对破坏性创新所下的定义。

表 2-6　国内外学者对破坏性创新所下的定义

作者	年份	破坏性创新的定义
Christensen	1997	破坏性创新提供了不同于原有技术、产品或服务的价值组合和效能组合，为非主流市场中的低端用户或新兴用户创造了适宜价值。破坏性技术的改进将逐步向原有主流市场侵蚀，最终取代原有技术
Fernandez	1999	破坏性创新指的是推动旧产品或者那些目前看来成功的产品加速折旧的一种方式
Kenagy	2001	破坏性创新是一个战略工具，是检验市场定位、发展策略成功和失败的新手段，是成功的新术语，同时也是不同视角。通过这个视角可以审视人们的观点以及该观点所赖以产生的环境，并使其不断增长和扩张
Christensen	2001	破坏性创新是产品、服务和商业模式的创新，为主要针对非传统消费者提供不同的解决方案和替代方案。创新改变了社会实践和生活方式、工作方式和互动方式
陈劲，张芳华	2002	破坏性创新是指基于破坏性技术的创新，是那些按照非主流客户的需求性能不断进行改进的创新，也可能是暂时不能满足公司主流用户需求的创新
Lettice &Thomand	2003	破坏性创新是一项成功的开拓性产品、服务或商业模式，它有效地改变了主流市场的需求，并且破坏了以前的竞争者
付玉秀	2003	破坏性创新主要指发生巨大跃迁，对市场规则、竞争态势、产业版图具有决定性影响，甚至导致产业重新洗牌的一类创新

（续表）

作者	年份	破坏性创新的定义
Paap & Katz	2004	破坏性创新不仅仅是一种破坏性技术，同时也是一种对原有商业模式的颠覆，在位企业受到主流市场客户的导向而不能适应新模式时，它将失去下一轮竞争的契机
季丹，郭政	2009	破坏性创新是非连续的技术或商业模式的创新，提供给用户全新的价值体验，破坏有竞争基础，改变行业竞争规则
张枢盛，张继祥	2013	破坏性创新是在位企业与后发企业博弈的过程，在此过程中后发企业利用技术或技术组合替代在位企业
Corsi & Minin	2014	破坏性创新始于满足低需求的要求，其逐渐获得实力，直到开始满足更苛刻的客户需求
Guttentag	2015	破坏性创新就是容忍弱点，为了享受其他好处
Nogami & Veloso	2017	破坏性创新代表着解决未满足的需求。识别未满足的需求和为客户开发非传统解决方案是它的责任

通过梳理、对比、分析国内外学者对破坏性创新所下的定义，我们从中可以看出破坏性创新具有的共同特征：首先，具有破坏性创新的产品或服务与主流市场产品或服务相比，提供的性能和价值组合是完全不同的。其次，具有破坏性创新的产品或服务正在改变着行业的竞争规则，破坏已有的竞争基础。最后，随着创新的不断深入，破坏性创新的产品或服务将逐渐侵蚀或冲击主流市场。

从现有的文献看，学者们关于破坏性创新的研究主要是从技术与产品、产业与市场两个角度开展的。Leifer 等（2000）的研究表明，破坏性创新是一种现在能带来或未来导致一个或几个方面后果的创新类型。一般认为破坏性创新的表现形式分为两种形式：第一种是技术创新，例如 Christensen 研究的液压挖掘机对于机械挖掘机，3.5 英寸磁盘驱动器对于 5.2 英寸磁盘驱动器，这些都是破坏性创新在技术方面的表现形式；第二种是产业创新，例如大家耳熟能详的沃尔玛超市相对于传统的百货商店，星巴克咖啡相对于普通的咖啡店，这些都属于产业破坏性创新。在本书中为了缩小研究的范畴，将产业的破坏性创新作为主要的研究对象。

（2）与相关概念的比较分析

目前与破坏性创新相似的概念较多，破坏性创新常常与突破性创新、延续性创新混淆，其内涵与外延也常常界定不清。因此本书借鉴之前学者们的研究，给出相关概念进行比较，有利于破坏性创新理论的进一步深化与研究，具体如表 2-7 所示。

表 2-7 各类创新概念的比较

比较内容	延续性创新	破坏性创新	突破性创新
技术轨迹	沿着原有的技术创新轨迹不断改进	基于不同于主流市场的技术轨迹	技术上有重大突破，产生了新的理论知识与应用
价值组合	针对主流客户群体，提供主流性能日渐完善的价值组合	针对非主流客户群体，提供不同结构的价值组合，例如：低价、便捷等	跃迁的技术创新给主流顾客提供了意料之外的跳跃性价值

从上表可以看出，在技术轨迹与价值组合两个部分可以区分它们的概念。从技术轨迹视角来看，延续性创新比较常规，指的是在相对稳定的主流市场价值结构上，不断对原有技术创新轨迹进行修正、改进和发展的过程。例如，通过移动通信网络宽带从原始的 2G、3G，发展到现在的 4G 和 5G 的创新过程来理解和认识。突破性创新是指技术上有重大突破，产生了新的理论知识与应用。例如，通过 3D 动画片呈现出来的三维效果相对于传统动画片呈现出来的平面效果来理解和认识。破坏性创新是在非主流市场上的技术创新轨迹的创新过程，更具有颠覆性和破坏性。例如 Airbnb 住宿相对于传统的酒店住宿。从价值组合视角上来看，延续性创新主要面向的是主流客户群体，旨在为他们提供性能较完备的价值组合；破坏性创新主要面向的是非主流客户群体，旨在为他们提供不同结构类型的价值组合，比如价格低廉的、使用简便的，等等；突破性创新主要面向的也是主流客户群体，它主要提供跃迁的技术创新，以便给主流顾客提供意料之外的惊奇价值。

（3）影响因素

破坏性创新往往不是在短期时间内可以一蹴而就的。这是因为需要消耗大量的时间将处于低端价值的产品与服务侵入市场并逐渐将其逐步侵占，况且在企业开展破坏性创新时将面临诸多的制度、市场和人为的不确定因素。要想在竞争激烈且复杂多变的国际市场中立于不败之地，了解那些影响企业开展破坏性创新的种种因素会具有重大意义。

Christensen、Raynor 和 Anthony（2003）的研究指出影响因素包括内部和外部因素，认为外部因素应置于首位。外部因素主要包括用户的需求、扩充资金来源、新产品的销售渠道，等等。在对开展破坏性创新影响的内部因素中，多见于对组织内部进行探讨，其中最关键性的影响因素包括公司内部价值网络、资源分配方式、企业家或高管认可度等（Christensen Raynor & Anthony，2003）。宋建元（2005）

认为不同的创新类型应当由不同类型的组织结构来支撑。研究者们一直都认为外部影响因素是破坏性创新的主要因素。同时，大部分研究者都认为产品因素、渠道因素是破坏性创新首要的外在因素。

①产品因素

在产品因素的影响上，Trott（2008）提出“企业在进行破坏性创新时，对一些顾客的需求视而不见也是有效的”观点。破坏性创新理论描述了企业如何摆脱推进速度或忽视其核心消费者的步伐，而忽视了一种颠覆性产品的侵蚀性，这种产品缺乏传统意义上受欢迎的属性，而是提供了替代性的好处（Schmidt & Druehl，2008）。这种产品上的影响是指在原有产品价值的底端对没有任何利润、服务要求较低的市场发起具有一定攻击性的破坏。这种破坏并没有开发和开辟新的产品与市场，它只是革新了传统的商业盈利模式：即通过降低消耗，获取主打市场上看来具备一定消费潜力的顾客的注意，从而不断发展，蚕食主流市场份额。破坏产品因素不是单单节约产品成本，而是通过后台或市场大数据深入分析消费者的价值偏好与消费习惯，来消除对消费者而言没有任何其他额外效用的部分功能来降低企业各项成本，并将这种节约的收益让渡给顾客，从而提高消费者总体效用价值，实现双赢与利益最大化。

②渠道因素

在渠道因素的影响上，研究者对在线旅行社（OTAs）作过最早的研究。在 Expedia 旅游网站（Travelocity）和 Orbitz（Christensen，Raynor & Anthony，2003）等在线旅行社（OTAs）的兴起中，可以找到旅游业破坏性创新最早的案例。这些网站无法与传统的实体旅行社的个性化服务相匹配，但相互之间可以提供潜在的便利和节省成本（Law，2009；Mayr & Zins，2009）。OTA 最初的担忧，例如在线预订旅行的安全性（Kim，Kim & Leong，2005）已经减轻，随着时间的推移，OTA 在主流市场占有越来越大的份额。因此，OTA 导致传统旅行社数量的显著下降，而传统旅行社也被迫更多地专注于复杂和更高端的购买市场（Bachman & Bayer，2013）。渠道因素的影响往往是从原有的没有的或是潜在的消费人群转换成现实的市场容量。对不具备一定消费经验客户的最初创新都是经过破坏性渠道而来的，这些客户一般不具备用过某种渠道消费的经验。在普通人看来，渠道破坏主要的任务是直接参与市场主流旅游产品的竞争，但是实则不是，它的主要任务是尽最大努力去扩大自己对客户的吸引力，进而争取潜在的消费人群。在初期阶段，经营者不会把这种破坏置于主流市场产品中任其激烈竞争，但是到了后期，随着创新型产品在性能及其他方面上的不断完善，经营者就会“温水煮青蛙”般地让顾客转变原来的购买心理、购买方式和购买结构，最终进入这个从来都不是很挑剔的新型网络市场。总而言之，渠道破坏性创新一般是不会进入主流市场进行主动侵犯的。相反地，它是利用潜移默化的手段来改变市场群体的观念，进而使得他们脱离主流市场转而来到新的市场。原因就是这些顾客经过一段时间就会慢慢发现新产品与旧产品的差异，新产品更加便利，也更能提高价值。

（4）研究现状

破坏性创新的过程可以发生在任何经济部门，旅游业是其经常发生的产业之一。Guttentag（2013）认为 Airbnb 是典型的破坏性创新模式，它是围绕现代互联网技术而建立的，类似的破坏性创新将继续影响其他旅游领域。Hüsig 等人（2005）评估无线局域网技术的破坏性潜力，并且包括了提出一个框架——更简单、更便宜、更可靠或更方便。Sainio 和 Puumalainen（2007）评估了破坏性创新的潜力，并提出产品推出成功与否是看是否有新的价值。Keller 和 Hüsig（2009）评估了破坏性创新网站 Google 的基于网络的办公应用程序的潜力与记分卡，其具有舒适性和可靠性，从而强调破坏性创新的新价值主张不必限于这四个好处——更便宜、更简单、更小、更方便。破坏性创新发生在技术变革的大环境下，所以仅通过案例分析是不能发现表象背后更加深层次的原理，这就是为什么有的学者和相关领域的专家会批评破坏性创新原理，指出破坏性创新存在着“案例选择”（Case-select）问题。破坏性创新与分享经济相结合，虽然在国外有一些研究，但是在国内还鲜有人问津。对于中国国内和国外来说，二者的旅游环境、文化差异以及研发实力这些因素都有不同之处，所以本书的研究内容是立足于中国现实，具有突破性和创新性的指导意义。为了更好地理解 P2P 住宿商业模式如何被视为破坏性的替代产品，针对传统酒店不同类型属性分为经济型酒店、中档酒店和高档酒店。本书对三个酒店类别与 P2P 住宿商业模式进行独立比较，以得到确定相对于哪一个产品发生了破坏，不同的酒店类别代表相对离散的产品。对破坏性创新概念的适用性的评估基于替代分析。因为破坏过程本质上是一种替代，所以 P2P 住宿商业模式作为给定酒店类别的一个子系统提供了一个破坏过程发生的指示。由于 P2P 住宿商业模式不是传统属性上的破坏性创新，而是引入了新的价值主张的破坏性创新，所以 P2P 住宿商业模式相对于传统酒店业是与破坏性创新的概念与原理具有一致性的。

2.3.4 计划行为理论

（1）计划行为理论的内涵

计划行为理论是在理性行为理论的基础上，Ajzen（1991）进一步研究发现个人行为不仅仅受到行为态度和主观规范的限制，对行为的理解也是重要的制约条件；否则即使有积极的行为态度和主观规范，也难以转化为实际行动。因此他对理性行为理论模型又进行了改进——增加了另一个预测变量：行为控制认知，从而构建了计划行为理论（TPB）。对于行为控制认知而言，是指消费个体在实施一些行为的时候，对这种行为的难易程度的直观感受，这种感知受到行为实施时的内部和外部因素影响（谢婷， 2016）。内部因素主要包括技能、知识等；外部因素是指所需时间、金钱成本、合作关系等。如果消费者认为自己做某项行为时的行为控制认知力很低，就意味着他所不可控的因素很多，那么他实际实施这种行为的难度就很大（Fishbein & Ajzen，2010）。很多研究显示，个人对自己行为能力（高低）的判断会影响其意向和行为（Conner & Abraham，2001）。TPB 理论模型示意图如图 2-4 所示。

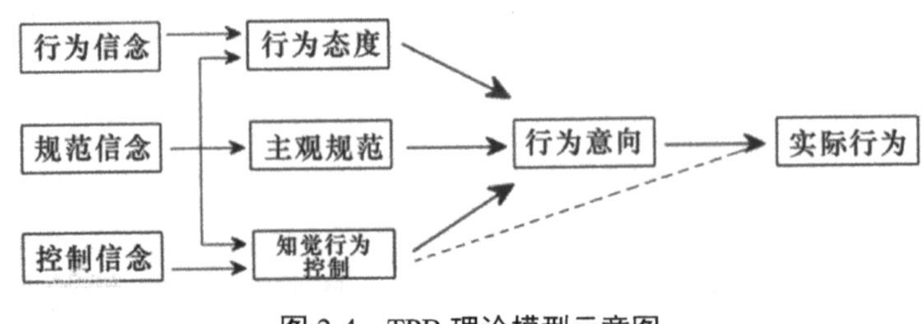

图 2-4 TPB 理论模型示意图

从图 2-4 可以看出，计划行为理论 TPB 比 TRA 理论的优势在于：假设影响行为意向和行为的全部因素都是由于顾客的行为态度或者是他的主观规范、行为控制认知导致，因此，对于影响行为因素的深层次研究普遍可以从以下三个方面入手：消费态度、主观规范以及行为控制认知。学者们普遍认为能够反映执行某种实际行为难易程度的因素就是行为控制认知这一特质，所以就算行为控制认知不会直接转换为行为意向，也在某种程度上产生某种实际行为的可能性。综上所述，在上述 TPB 结构模式当中，我们用虚线来表示实际行为与控制认知变量之间的变化关系，进而可以表示出行为控制认知变量和行为产生两者之间的紧密关系。用数学方程式表达如下：

$B \sim BI=（AT）\omega_1+（SN）\omega_2+PBC\omega_3$

$B=（BI）\omega_4+PBC\omega_5$

以上方程式中，字母 B（Behavior）是个体实际行为的简称，而字母 BI（Behavior Intention）则是指本次行为的意向，字母 AT（the Attitude toward Behavior）用来表示个体的行为态度，SN（Subjective Norm）表示主观规范，PBC（Perceived Behavior Control）是行为控制认知。ω_1、ω_2、ω_3、ω_4、ω_5 可以看作回归系数。

对于态度 AT 而言，在本领域当中一直都被认为是研究的重点，其中一个非常重要的指标就是 AT 与 B 的预测能够直接使人们对行为预测有个大概的把握方向（张红涛，王二平，2007）。行为态度指的是个体对某一种消费对象或观念所持有的正面或反面认识上的评价、情感上的感受和行动上的倾向，基于这种倾向，个体会对某一种消费对象或观念作出特定的意见和情绪上的反应（肖爽，2010）。它可以表达为：

$AT=\Sigma B_iE_i$

在上述公式中，字母 B_i 代表行为的主体对于从事某个特定的行为之后产生的第 i 个结果之信念；而字母 E_i 就用来表示评价，但是这个评价是指行为的主体对特定行为产生的第 i 个评价。

SN 用来表示主观规范，是规范信念 NB 与服从动机 MC 之间的函数，SN 能够反映消费者在评价行为过程中受他人行为的影响的程度，用公式表达如下：

$SN=\Sigma NB_iMC_i$

在上述公式当中，用 NB_i 来表示行为主体认为对其行为有重要影响的规范信念，字母 i 表示第 i 个群体对其从事某种行为的期望；字母 MC_i 则表示一种依从动机，而这种动机是指行为主体依从于第 i 个期望。

行为控制认知 PBC 指的是一种个人感知，这种感知存在于完成某一个行为时产生的容易或者困难的程度。它的两个参数分别是控制信念 C 和便利认知 P。控制信念 C 指个体对自己所拥有采取某种行为的资源、概率或者是能力上的认知；而参数 P 指的是这些资源、机会或者能力对本个体行为的影响程度（Ajzen &Fishbein，1988）。用公式表示如下：

$PBC=\Sigma C_kP_k$

其中 C_k 为第 k 个控制信念，P_k 为第 k 个便利条件，k 为控制信念的个数。

TPB 理论中认为行为控制认知由三个主要因素决定，分别为能力因素、资源因素和机会因素。行为主体一般会认为自己本身就具有从事某种特定行为的能力，同时也相应地当拥有执行该行为的资源或机会增多时，他的控制认知就会越强。当个体缺乏这种能力、资源或机会时，再强行执行这种行为，或者以经验去干扰本次行为时，就会影响感知控制这个变量的变化，所以在执行这种行为意向时就很可能受到严重影响。

（2）计划行为理论研究现状

计划行为理论是对理性行为理论模型进行的改进——增加了一个预测变量：行为控制认知。在本书的上文已经提到，行为控制认知这个变量就是用来表示采取某一行为时感受到容易或者困难的一个具体程度。这个参数变量代表个体对从事某一行为时产生的信念，当然它也可以反映在过去同一时期个体从事类似行为的经验（曾武灵，2011）。行为控制认知对于个人的消费行为具有非常大而深刻的影响，这些影响体现在对旅游产品或者服务的选择、准备，有时也对选择该活动时自己所付出的时间、情绪等因素的反应。Chechen Liao 等（2007）学者在 TPB 的基础上整合网络服务前后的体验，研究消费者接受网上服务的信任度。尹世久（2008）则利用计划行为理论构建了网上购物的结构方程模型，并进行证明，结论是文化程度、网络应用技能和安全性对顾客网上购物的意愿有显著影响。李蒙翔等学者（2010）运用计划行为理论和消费者的三种角色（技术使用者、服务消费者和网络成员）对移动通信服务持续使用意愿影响因素进行了研究，结论是技术方面和人际关系因素是两个重要的影响因素。Ayeh， Au 和 Law（2013）针对使用消费者自媒体进行旅游规划的意图研究，证明了该模型对旅游规划自媒体使用情境的理论有效性和适用性，进一步验证了旅游者在兴趣相似性、可信度和享受感觉等因素的重要作用。

计划行为理论虽然在一定程度上证明了很多实际问题，但是也受到了一些批评。Bogazzi 和 Nataraajan（2000）两位学者就对计划行为理论提出过质疑，指出其存在三个缺陷：

第一，行为态度、主观规范和行为控制认知这三大因素不能为行动带来动机，而只是提供相应的前提条件。

第二，如果不将期望和情感两因素考虑在范围内，行为个体的近期行为和频率或者过去行为和经验都在很大程度上影响着行为意向和行为。

第三，计划行为理论严重忽略了决策过程目标，而只是简单地将行为作为目标来讨论。

2.3.5 SOR 理论

（1）SOR 理论内涵

SOR（Stimulus-Organism-Response，刺激－有机体－反应）模型最早起源于心理学的刺激－反应模式，这个模式是将个体的内心活动视为一个研究变量加以研究，但是它忽略了个体内部变化过程而被很多人质疑。心理学专家一直认为，行为是人体器官对外界刺激所作出的反应，其经历了脑神经反射到意识，意识表现为动作的系列过程。对于“刺激－反应”理论存在的未能揭示心理过程“黑箱”的缺陷。学术界一直致力完善这一理论。

随着学术界的不断探索与发展，新行为主义者修正了这个模型，在刺激与反应之间增加了一个可调节的中介变量，形成刺激－有机体－反应模式，即 SOR（Stimulus-Organism-Response）模型。SOR 模型用以研究环境因素对人类行为的影响，其中 S 代表刺激（输入）、O 代表有机体（内部响应）、R 代表反应（行为），最早提出这一理论的是 Mehrabian & Russell（1974），他们主要提出的是针对环境影响个体行为的理论。Bitner（1992）依据心理学的模式，首次应用在了消费行为领域中。这个模式解释了消费者行为的内在心理活动，阐明了消费者行为心理因素的影响。Bitner 认为消费者一般会对外部刺激有三种反应，这三种反应是认知反应、情感反应和有机体反应，这三种反应会在很大程度上左右消费者的购买行为。刺激要通过接受者的意识来影响其心理，而接受者通常就被当成有机体，此有机体会有选择性接受外部产生的刺激，进而形成有意或无意的心理状况。图 2-5 为 Bitner（1992）给出的环境－消费者行为模型。

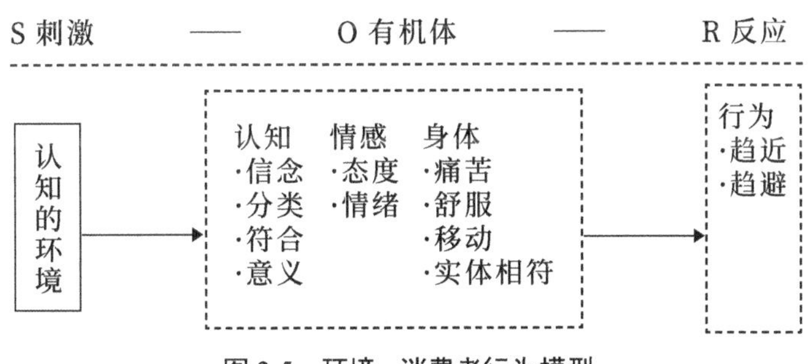

图 2-5　环境 - 消费者行为模型

从图 2-5 可以看出，SOR 模式最重要的是把顾客的消费行为分为三个阶段：一是环境刺激阶段；二是消费者内心活动阶段，即有机体阶段；三是消费者反应阶段，也就是顾客的购买阶段。环境刺激主要来源产品实体刺激、产品符合需求刺激和社会环境刺激。有机体阶段是消费者内心活动阶段，它包括消费者的信任，感知和价值认可。第三个阶段是消费者的反应阶段，消费者受到刺激后通过一系列的认知和情感反应，最后能够产生购买行为意愿或行为。在该模型中，环境属性通常作为外部刺激被确定为引起个体行为意向的前因变量，个人因刺激而作出的规避或趋近行为成了反应的结果，因受到环境刺激而产生的个体情绪被作为刺激与结果的中间变量。对于个人而言，因为人口特征、偏好等存在差异，对于刺激的认知、情感及产生的情绪呈现也不一样，进而导致行为意向也各不相同。Sautter 等（2004）提出了网上商店环境和顾客所处物理环境的双重环境刺激因素对其内在反应产生影响，构建新的 SOR 概念模型，如图 2-6 所示。

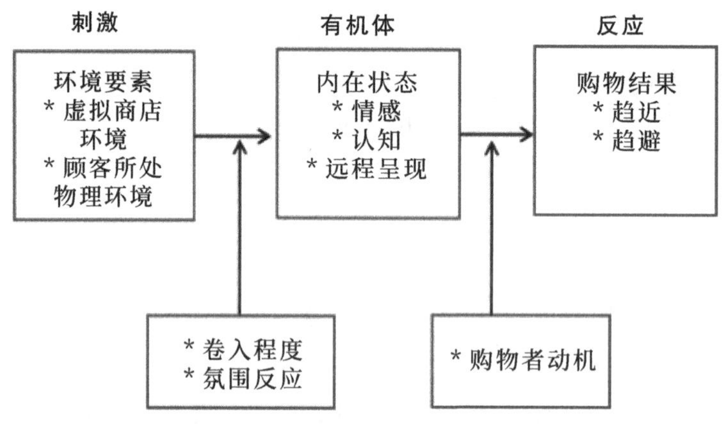

图 2-6　Sautter 等（2004）的 SOR 模型

如图 2-6 所示，SOR 模式解决了购买决策过程中的三个难以解决的问题：一是广泛性问题；二是有限性问题；三是常规性问题（赖胜强，2010）。广泛性问题是指当消费者购买商品之前，并没有特定的喜好，只是凭借广泛的信息收集为基础来决定购买行为，因此消费者会花较多的时间用于信息收集上。有限性问题是指消费者的时间比较有限或掌握的资源相对较少，他们对部分品牌有一定的理解或偏好，这时他们便会花费较少的时间或精力用于信息搜索，并根据有限的信息作出消费决策。常规性问题是指当消费者对某品牌已产生忠诚度，那么这些顾客很少会进行信息的收集和评估，在购买时更多凭借以前的消费经验来进行决策。由于 SOR 模型很好地解释了消费者在购买行为时出现的以上三种问题，所以它得到了学术界的认可，广泛用于判断消费者行为意向或行为的实践中。

（2）SOR 模型研究现状

SOR 模型被市场营销专家们引入电子商务环境是伴随着电子商务这一新型技术而产生的，专家由此得出和行为消费相关的结论：在广阔的电子商务环境中，消费者行为可能会受到很多方面的刺激与影响，其中就包括消费者的情绪反应（Eroglu，Machleit & Davis 2001）。从 SOR 模型在 1982 年第一次用于服务环境起，已经发展并形成一套完整的、适合于服务领域的基本框架。在基本的服务环境前提之下，Donovan 用各服务环境要素来模拟随机刺激物（Stimuli），利用顾客感知情况虚拟成对刺激反应的有机体，把顾客的消费行为当成 SOR 模型中的变量反应（Response），也就是通常所说的服务环境要素能够推动顾客的感知度和信念变化，从而影响顾客的行为意向。Ergolu，Machleit 和 Davis （2001）三位学者用实证研究对 SOR 模型进一步完善，从而得到最新的概念模型，该模型指出：网站利用其氛围来改变消费者的愉悦感、唤起感和态度，这样才可以影响到消费者的满意度，才能改变其趋近和规避等行为。Sautter（2004）参考 Eroglu（2003）研究模型，提出自己新的模型：利用网上商店环境和顾客所处物理环境两个因素对消费者内在反应产生深刻的影响。而网站平台、网站营销、广告宣传等刺激显著影响消费者的行为决策过程（Kim & Lennon，2010）。Hsu 和 Tsou（2011）在研究网络平台质量对消费者情绪反应及重购意愿的研究中也应用了 SOR 模型，其中网络平台的质量作为刺激（Stimulus），消费者情绪反应作为有机体情绪反应（Organism），消费者的重购意愿作为模型中的反应结果项（Response）。从他的研究结果验证了在互联网环境中，SOR 模型能较好地解释消费者的情绪反应和购买行为受网络中各种刺激的影响。

国内学者运用 SOR 理论模型进行行为决策研究的还不是特别多。在中国知网和万方数据库中输入“刺激 – 有机体 – 反应”或者“SOR 模型”进行搜索时，在主题中直接凸显以此模型进行研究的成果只有 40 多篇。从这些研究来看，主要集中在研究顾客行为、消费者网购或网络的使用行为等。霍俊杰（2008）运用 SOR 模型，从顾客角度探讨了零售环境对顾客的认知、情绪反应以及购物行为的影响。杨艳（2014）基于该模型，对女性旅游者购买决策展开研究，指出旅游企业应该开发基于女性生理、心理的产品和服务，并提供适合于女性购物的外部环境。张敏等（2017）利用 SOR 模型对影响虚拟社区用户知识分享行为的因素进行了分析和研究。徐孝娟（2017）也利用此模型对社交网站用户流失行为进行了探讨。

（3）本书应用 SOR 理论的设想

基于对消费者行为决策的大量文献阅读，以及对 SOR 模型近年来国内外研究分析来看，SOR（刺激 – 有机体 – 反应）理论模型在继承个体从受到刺激到形成行为反应的一般行为决策理论，更重要的是其完善揭示了受到外部环境刺激后的感知和情绪感应，并将其作为重要的因素和变量来研究对个体产生趋向或规避行为的影响机制。在该模型中，环境属性通常作为外部刺激被确定为引起个体行为意向的前因变量，个人因刺激而作出的规避或趋近行为成为了反应的结果，因受到环境刺激而产生的个体情绪被作为刺激与结果的中间变量。对于个人而言，因为人口特征、偏好等存在差异，对于刺激的认知、情感及产生的情绪呈现也不一样，进而导致行为意向也各不相同。

分享经济的产生发展受到外部环境因素的影响非常重要。分享经济产生于 2008 年的全球经济危机，由于社会环境的变化，催生了一种需要，那就是人们需要相互联系、需要体验彼此的真实生活。与此同时，持续的经济危机为走着低价策略的分享经济挤压出相应的消费者，也潜移默化地改变着消费者的行为决策。

分享经济下的旅游 P2P 住宿商业模式的产生和发展无不体现着外部环境改变的重要作用。P2P 住宿商业模式的资源高效化、价格灵活化、业务全球化、产品独特化、服务个性化、微就业、重交流等特征，处处体现了科技进步、便利的支付平台、信息分享习惯养成等环境因素带来的变化。这种环境属性通常作为外部刺激被确定为引起个体行为意向的前因变量，个人因刺激而作出的规避或趋近行为成了反应的结果与 SOR 理论观点非常吻合。并且 SOR 理论模型是从消费者的角度来研究行为决策，本书也是从游客的角度来研究 P2P 住宿对传统酒店业的影响，因此 SOR 理论应用与本书的视角是一致的。

基于以上原因，本书将借鉴 SOR 理论模型进行分析研究。虽然 SOR 模型在网络购物和电子商务领域得到验证，但是分享经济及 P2P 住宿商业模式是一个新兴的领域，很遗憾目前还没有应用 SOR 模型研究的结果。因此本书在参考了大量文献的基础上，通过研究文献与整理得出本书的框架，即把渠道相关因素、住宿相关因素和个人与房东相关因素作为外在环境的刺激，把信任和感知利益作为有机体的正向情绪反应，感知风险作为有机体的负向情绪控制，游客对 P2P 住宿商业模式的选择行为意向作为 SOR 模型中的反应结果。

2.4 信任

2.4.1 定义与内涵

信任从古至今都是一个重要的研究领域和关注话题。在中国，信任被认为是传统文化的一部分，也是当今社会主义核心价值观的一种体现。古代著作《说文解字》中将信任解释如下：信，诚也，从人言。也就是说，人的言或行都必须要诚实。信任是人类社会发展到一定阶段的必然产物，也是人类社会能够生存和发展的根本保障和重要基础。所以当前学者对信任的研究已经在心理学、社会学、经济学和管理学等方面得到深入和广泛的应用。

信任的概念最初是从心理学角度来定义的。学者 Sabel（1993）就认为信任本身应该是在双方交往过程中都必须具备的， 对于交往双方而言，任何一方都不会利用信任这一弱点来欺瞒对方。从心理学角度对信任的解释是从社会微观个体的心理活动和互动的行为着手。Rousseau 等人在 1998 年总结了信任定义：它是一种心理状态，包括个体对另一个体的意图或行为的积极期望和信念。也有学者研究得出信任由预期和信念两部分组成（Gefen，Karahnna & Straub，2003），前者表明受托人将按预期行为的可能性，后者表明信托人依赖受托人的意愿。具体来说，它强调了信托人对受托人未来行为的不确定性的担忧。Edelman（2017）研究指出信任是一把双刃剑。从社会学角度认为，信任研究不仅是社会个体之间人际信任范畴，同时也属于大规模社会群体之间的信任的范畴，重点是放在信任的功能和作用上，以达到重视文化规范情境和影响社会制度的目的（杨庆，2005）。从经济学家的角度出发认为，人是有经济理性的。学者们认为信任是人类通过理性计算得出的必然结果，研究重点大多是围绕重复博弈的模型来展开（孟魁，2005）。从管理学角度分析，信任是一种心理状态，受这种心理状态的影响，信任者始终处在一种脆弱的地位上，但是这种脆弱的地位很可能被摧毁；或者认为，信任者对被信任者抱有肯定的期待，始终认为被信任者是不可能伤害自己的（肖知兴，2002）。

通过大量文献的阅读与分析发现，在不同的研究领域和不同的社会背景下，对信任的定义是不尽相同的。从心理学角度看信任更倾向于从个体的心理或人格特质看信任；从经济学角度看，关注的是人的理性信任；从社会学角度看，影响信任的因素有社会结构、文化传统和制度规范。综上所述，不同领域对信任的研究都是从不同的角度、运用不同的研究路径和研究方法，所以才形成了各自不同的观点和体系。分享经济下的信任决定了网络平台交易是否进行，决定了买卖双方的风险与得失。本书中信任是指在分享经济下旅游 P2P 住宿中，在网络平台交易的买卖双方，消费个体对对方承诺的普遍可靠性信念，而这种信任存在于个体与个体之间，是建立良好合作关系的重要保障。

信任通常与声誉混淆，但它们是两个完全不同的概念。有实证研究已经确定了声誉和信任之间的正相关性（Jarvenpaa，Tractinsky & Saarinen，1999）。然而，声誉不等于信任。根据牛津字典的定义，声誉是人们对某人或某事的共同观点，即总体上看到或判断的整体素质或品格。在本质上，声誉来自公众和大众的一般意见。然而，信任来自个人意见，即从信托人到受托人，强调个人互动。另一方面，声誉是过去事件的总结，而信任是未来的意图和期望。

2.4.2　分享经济视角下信任的性质和特点

Morgan 和 Hunt（1994）对信任进行研究指出，信任是感觉对方的可靠程度或者是对方的正直程度。Luhman（2000）主要是从社会学的角度出发，考虑风险与信任，认为信任是人们应对不确定性所采取的策略。在互联网时代的商业模式下，信任具有重要意义（Pavlou & Gefen，2004）。Papadopulou 等（2007）指出对于消费者不能与在线产品提供者面对面接触，因此信任问题会被消费者和供应者看作非常重视的问题之一。Gefen（2000）的研究表明，消费者的信任与社会互动之间存在关联。Flavian 和 Guinaliu（2006）认为互联网环境下，消费者对风险感知非常敏感，因此信任是一个关键成功因素。Mohajeri、Nybreg 和 Nelson（2017）在对分享经济进行研究中指出，信任问题是分享经济的主要障碍问题，双边信任机制将会变得更加强大。

分享经济环境下，信用具有一定的特点——积累性，它是纵向与横向的积累综合体。纵向积累就是时间的积累，网络平台交易中买卖双方之间重复合作形成的信用的积累；而横向积累则指的是在相同时间段内，各个买方以及卖方在合作过程中形成的信用的一定积累。

同时，分享经济环境下，信任不仅具备上述特质，还有以下几个方面的特性：

第一，时间差。相对于承诺而言，兑现承诺的行动必然滞后。只有在积极整体的信任建立之后，才会发生买家在网络上的下单购买。

第二，不对称性。信任者和被信任者之间不是完全对称的。由于信任具有一定的主观性，对于信息交流不同的人会有不同的理解，再加上区域文化差异，使得信任产生了不对称性。

第三，不确定性。交易从始至终都会有不确定性，如果交易双方全部都确定了，也就不会存在风险，那么信任也就失去了价值。

第四，主观倾向和意愿。信任是主体对客体的主观意愿。

2.4.3 分享经济视角下信任的影响因素

由于分享经济是在互联网及电子商务的基础上发展起来的，因此在影响因素中也具有它们的特点。Möhlmann（2016）通过研究得出分享经济中的信任包括平台、供需双方、产品之间的多重信任关系的结论。Hawlitschek 等（2016）的研究也显示了分享经济信任包括对产品、平台和个体的信任。杨兴寿（2016）在对互联网环境下信用及信任机制进行研究时，认为网络信任主要受三方面因素影响：产品因素、服务因素和渠道物流因素。分享经济视角下旅游 P2P 住宿与网络环境几乎一样，信任都被认为是非常重要的问题，也同样受住宿相关因素、渠道因素和个人与房东因素三方面的影响，但是它也有自己的特点。

（1）住宿相关因素

由于网络平台交易是远程的、非面对面的一种虚拟交易，这一产品的基本信息就有可能和实际的信息略微有一定的出入和差别，而且产品的质量、属性等是否和购买者的意向完全相同就不得而知了，所以风险是必然存在的。网络平台大大拓展了消费者对个性的追求，使游客更加追求独立、自主、便捷和定制化的消费模式。分享经济下 P2P 住宿依托其快捷的信息服务、丰富的种类、明显的价格优势以及平台提供的便捷预定与取消、完善的售后服务等优势，逐渐成为游客出行所选择住宿方式之一。这种广泛的信息内容、丰富的住房种类和便捷预订取消方式为迎合游客们自主、独立、个性化和便捷的消费需求，明显的价格优势又是促使消费者网上消费的一个主要诱因，而相对完善的口碑评价和售后服务更大大降低了消费者的顾虑。但是游客毕竟选择的产品是住宿，所以住宿的交通、房间的大小、免费停车位和厨房的提供等属性都是消费者选择时最看重的因素。

（2）个人与房东因素

个人与房东因素本质是一种交易沟通与服务，因为不是面对面交易，而是虚拟的信息化网络交易，所以确认产品质量这一环节只能发生在交易之后，因此售前的信息沟通和真实交流是双方达成信任的关键因素。Abramova 等人（2015）在研究分享经济的 P2P 住宿中，房东的评论及反应对买家的信任有很大的关联程度。他们对 Airbnb 进行了研究，认为平台中特别是评论是建立信任的重要组成部分，P2P 住宿的房东与房客之间的互相信任是这些平台的核心。Mohajeri，Nybreg 和 Nelson（2017）也指出，P2P 住宿商业模式的主要障碍是信任问题，双边信任机制需要更加强大，它不单单是指房东与房客的双向信任，还包括动态的信誉体系。Tussyadiah 和 Park（2018）共同研究了分享经济的信任，调查结果显示房东的表现影响 P2P 住宿选择中顾客的信任。由以上分析可以看出来，个人与房东因素是影响信任的重要因素之一。

（3）渠道因素

电子商务交易模式是以互联网技术作为技术保障的一种新型交易，从一开始就在旅游业内得到很好的认可并得到积极推广。在线旅游区别于传统的实体旅游就在于它的发展更加依赖于客户的体验，而不是享受旅游中介提供的服务。所以电子商务旅游平台渠道的影响因素对分享经济的发展至关重要。例如：P2P 住宿商业模式是一种新型的消费模式，如果消费者理解并接受，那就必须先转变住宿的传统观念。商家先要通过广泛的网络、电视和多媒体广告进行大量宣传，这样既可以转变顾客的住宿观念，又能够让顾客全方位地了解产品的详细信息。总而言之，传播渠道的功能不但能够影响创业者，同时也能够影响潜在的采纳者。人们可以通过网络、广告、电视以及杂志等大众传媒了解信息的具体内容。销售渠道是 P2P 住宿商业模式的最重要环节，也是实际与消费者面对面谈判的重要环节，它也直接对信任产生深刻影响。随着电子商务、移动 App 平台等电子渠道的快速发展，消费者可以选择传统实体渠道，也可选择电子渠道。并存的多渠道模式使得消费者的购买行为从单渠道消费转变为多渠道消费行为，消费者的渠道选择越来越受商业界和学术界的关注。电子渠道可以降低搜寻成本（Verhoef，Neslin & Vroomen，2007），而实体渠道可以减少交易风险（Bhatnegar，Misra & Rao，

2000）。网上支付的安全性也在一定程度上制约着网络预订住宿的发展。如果消费者在进行决策之前，认为网络平台既方便又安全，同时兼具质量保证和价格实惠，那么消费者对渠道的信任也就越强，通过这种方式预订住宿的意愿可能也越大。不信任的内容包括怕个人信息泄露、质疑网络支付安全性等。

从以上分析可以看出来，分享经济旅游 P2P 住宿商业模式的住宿相关因素、渠道因素和个人与房东因素直接影响着消费者的信任程度，是信任的前因，由此可以得出以下的框架分析，如图 2-7 所示。

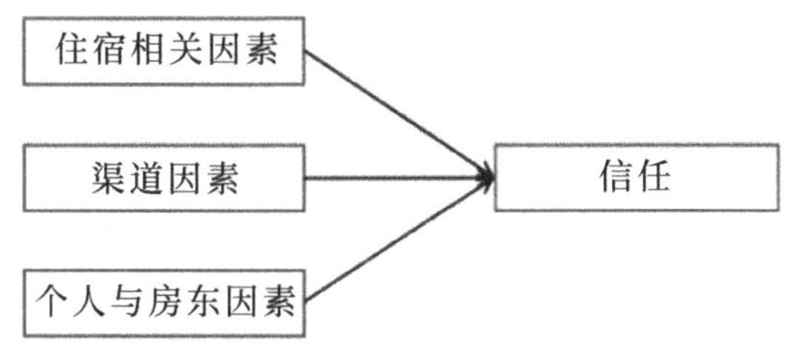

图 2-7 信任的影响因素

2.4.4 实证研究

信任这一话题一直伴随着人类文明的发展，也是不同社会科学研究领域当中一个重要且不可或缺的变量。当前互联网普及率在中国相当高，使得分享经济下旅游 P2P 住宿商业模式急速发展，而在发展当中一个重要的影响因素就是消费双方之间建立起来的信任。通过对分享经济信任的内涵、性质与特征、影响因素及相关文献进行研究和分析，发现这些研究中或多或少会存在一些局限性。首先，大部分专家只是对电子商务信任和消费者购买行为两方面内容作了研究，对分享经济的重视不足，在分享经济领域中的信任机制研究成果不够丰富、不够深入。其次，商业模式具有多样性，多数学者的研究文献只是基于单一的环境或商业模式所开展的，从而忽略了消费者在传统商业下或者在社交网络下对信任产生的影响，而这种影响往往是动态的。最后，现有对分享经济的信任研究多是理论上的，微观实证上的比较少。只是简单将信任这一变量看成简单的认知，如何导致信任的前因和后果等研究还较少，缺少对此处的定量评价研究。

2.4.5 测量

对于信任的研究，在不同的研究领域中，专家学者给出不同的研究方法和不同的路径分析，但是归纳总结主要有以下两点：一是从信任的影响因素来进行分析，另一个是从信任的概念上进行测量（陶晓波，2011）。从已有的研究成果看，信任测量的维度分为二维、三维和多维度。有学者认为信任是用二维度测量的，原因在于信任是双方产生的，即信任者认知对方是值得信任的，同时也要相应地生成信任意图的状态（Zhong，2004）。Jobnson 和 Grayson（2005）认为信任的维度是认知信任和情感信任，而 Ratnasingam（2005）则认为信任的两个测量维度是技术信任和关系信任。还有在一些研究中，认为信任是由三个构面来测量，Tan 和 Sutherland（2004）就把信任分为个人、人际和制度三方面，马书刚、李钢和颜鹏（2007）在研究电子购物时，把信任分为购前、购中和购后三个阶段。Schlosser、White 和 Lioyd（2006）的信任构成方面又被划分为三个因素：第一是能力信任，是指相信对方具备相应技术和能力；第二是正直信任，是指相信对方肯定接受并且遵循相应的行为规范；第三是善意信任，是指相信对方除了获取合法的利益之外，还应给予本方提供些许帮助。多维度衡量信任的有 Mcknight 和 Chervany（2001）把信任分为信任倾向、组织信任、信念、意图和信任行为五个维度，Kim、Song 和 Braynov（2005）认为信任是制度、行为、技术、交易、信息和产品六个维度。还有很多学者在研究过程当中采用了一维的量表，认为一维量表也能够达到信度与效度相应的要求，例如：Gefen、Karahanna 与 Straub（2003）的量表和 Hsu 与 Lu（2004）的量表。

2.5 感知风险

2.5.1 定义

19 世纪中期，风险的概念在经济学领域受到重视，其后便被成功地应用于经济学、社会学和心理学等行为决策的各种理论之中。哈佛大学教授 Bauer 首先提出感知风险这一概念。Bauer 教授认为消费者在购买产品时肯定对产品有不确定感和缺乏安全感，这一因素可能会导致消费者产生不愉快或者是担忧的感觉，所以消费者购买决策包含着不确定因素是必然存在的，也无法避免，这些不确定性就会产生感知风险（杨进广，2013）。在 Bauer 之后还有很多相关领域的专家对感知风险作了深入和广泛的研究，也被学术界普遍认可。其中最著名的就是Cox 和 Cunningham。Cox（1967）提出了一个多维度的概念，即消费者每次购买商品时都会有一些购买目标，当消费者在购买时感到不知道选择哪种消费能满足其内心目标时，就产生了感知风险。而 Cunningham（1967）的双维度概念则是将感知风险一分为二：不确定性因素和后果因素（杨进广，2013）。消费者会主动对某种消费行为作出一定的主观预测概率。Dowling 和 Staelin（1994）研究感知风险的主要内容大致可以分为四个方面：（1）本质；（2）测量构面；（3）具体产品或服务中的关系；（4）个体差异的影响。随着学者们的深入研究，感知风险已经成为消费者购买行为理论和模型中的一个重要组成变量。

互联网商业出现后，学者们对网络购物的感知风险也非常重视。有学者认为网上购物感知风险应定义为消费者在网上购物过程当中，对可能发生损失的主观感知概率，它主要是指消费者可能遭到网上财务的损失概率（Forsythe & Shi，2003）。还有学者将其定义成消费者在进行网络购物过程时可能遇到的各类不确定因素，而这些因素造成的不良后果的感知概率就是感知风险（于丹、董大海、金玉芳、李广辉，2006）。井森、周颖和王方华（2007）认为网络感知风险分别由财务风险、便利风险和绩效风险三个部分组合而成。分享经济 P2P 住宿是一种全新的商业模式，它继承了电子商务网络购物的显著特点，由传统的交易方式变成网络渠道购买方式。虽然消费者能够通过互联网搜索相关住宿的详细信息，但是由于买卖双方交易的信息不对称，顾客也仅仅是看到房间的图片和对房间的简单介绍，不能亲身体会房间本身属性，这样一来就会增加买方对购买结果的恐惧和不确定，也就增加了感知的风险。

2.5.2 分享经济视角下感知风险的影响因素

从消费者购买过程可以看出，消费者在进行购买时通常情况下可以分成五个步骤，即确认需求、收集信息、评价方案、购买决策和购后行为。但是有的购买过程也不完全按照上述过程，尤其是消费程度相对较低的购买情况，整个购买过程会颠倒或者省略某个阶段（高海霞，2003）。由于消费者在购买的整个过程中都存在着某种程度的风险，所以这种风险是不可避免的，只不过每个消费者都在尽最大努力去回避或减少风险带来的不良后果。当消费者的感知风险大于可接受的风险时，消费者就会试图利用一些方法来减少风险，否则消费者会因为风险太高而放弃购物行为（Stone & Gronhaug，1993）。感知风险在不同阶段的水平是不一样的，学者 Fischhoff 在 1995 年作了这方面的研究，如图 2-8 所示。

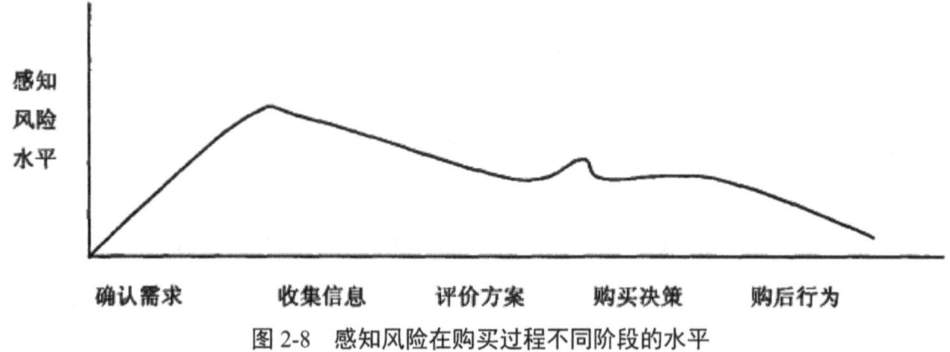

图 2-8 感知风险在购买过程不同阶段的水平

在确认需要阶段，由于没有相应的解决方案或没有可用的工具，消费者感知风险会有所增大；等到收集产品信息之后，消费者对购买的产品有了一些了解，感知风险逐步降低，而且会一直持续到方案评价阶段；在作出购买决策之前，由于决策结果存在某种程度上的不确定性，所以消费者的感知风险会少许上升；但是一旦购买后消费者满意，那么感知风险会继续下降。在 P2P 住宿商业模式的购买过程中，它以信息技术为基础和纽带，实现产品所有权与使用权的分离，通过基于互联网的分享平台和人人参与的大众化市场，将原本在线下难以对接的供给与需求有效衔接，在所有者和需求者之间实现闲置资源使用权的分享。通过对已有文献的梳理，发现有很多因素都会影响消费者的感知风险，渠道因素、产品因素和主客因素是影响 P2P 住宿选择的主要影响因素。

（1）个人与房东因素对感知风险的影响

个人与房东因素是指房东与顾客之间通过网络平台进行互动交流的行为。为了在网络中减少单方面获取信息的不足，良好的主客交流是非常重要的，它可以更好地满足消费者自身的需求。特别是互动的交流，可以消除网络平台上个人与房东之间交易的相关疑虑，增强对购买产品的理解和认知。这种互动交流关系不是单纯的买卖关系，它会使顾客在交互过程中获得情感上的归属感，像合作伙伴，更像战略联盟，促使消费者进行多次交易。在房东与消费者的互动中，房东的快速、贴心的响应和全面、热情的解答与介绍，可以让游客体验一种个性化的服务，提高好感度，增强信任，培养用户黏性。

在分享经济的 P2P 住宿商业模式中，消费者购买前看不到也接触不到真实的产品，只能通过网络平台上的文字和图片了解一些产品知识，因此顾客与房东之间的沟通与交流因素就显得非常重要。一些研究结果显示，当消费者在购买产品时，为了减少购买的感知风险，当缺乏产品知识和评估质量的能力时，信息获取不足或不对称，人们往往会依赖搜索和了解一些供应方特征和产品外部信息源来减少购买风险（Daward & Parker，1994 ）。由此可以看出，个人与房东的因素直接影响着消费者的感知风险。

（2）产品因素对感知风险的影响

Kotler（1999）研究发现在购买过程中，由于产品本身才是消费者真正所需要的，所以感知风险被消费者认为是购买产品的主要因素之一。Alba 等（1997）研究结果表明消费者在购买前往往比较产品的性价比，进行成本收益比较时，产品因素是重要影响因素。消费者最后总结出产品类型和属性会影响消费者评价和选择某一个特定渠道或某些有特点的消费方法。Brown 等（2003）也认为产品的类型不同，会使得消费者的风险感知产生不同，进而会影响该消费者网上购买意愿。

在分享经济 P2P 住宿商业模式中，消费者购买的产品是通过网络平台上的文字和图片了解一些产品属性，因此顾客对风险感知就显得非常重要。一些研究结果显示，当消费者在购买产品时，为了减少购买的感知风险，当缺乏对产品具体了解时，便会依赖搜索一些产品外部信息及特别属性来减少购买风险（Daward & Parker，1994）。由此可以看出，产品因素直接影响着消费者的感知风险。

（3）渠道因素对感知风险的影响

现今消费者购物方式是多元化的，特别是渠道多样化。消费者可以选择的购物渠道种类繁多，一般情况下消费者会根据自己以往的各种经验、喜好和方便程度，对不同渠道作出自己的判断，然后再选择某一渠道作为购买方法。很多学者对渠道因素自身进行了大量的研究，认为渠道会对顾客购买有刺激作用，消费者对渠道的认知和反应会影响其对渠道的理解、选择和应用，进而影响其消费行为（Verhoef，Neslin &Vroomen，2007）。其中感知风险是消费者选择某一渠道的最大影响（Meuter，2005）。如果选择某一渠道购物会给消费者带来不确定或不愉快，那么消费者感知风险加大，从而放弃购买行为。消费者可能会产生使用某一渠道能购买到质量差的产品（Gupta，Su & Walter，2004），甚至有些消费者会感知财产和金钱损失（Sweeney，1999），从损失厌恶理论角度评价，人们面对同样数量的收入和损失，潜在的损失会比同样的收益更加令人难以接受，所以在购买的任何阶段都宁愿选择无风险，因此渠道相关因素对感知风险有重要的影响（Kahnemann & Tversky，1981）。

2.5.3 信任与感知风险的关系

信任和感知风险的关系很早就有学者进行了研究，Gatchel，Polatin 和 Mayer（1995）研究了信任与风险的关系，他们的研究显示：风险识别有两个环节，一个是感知风险，另一个是风险分析。信任在购买过程中表现为一种承担风险的意愿， 体现的是对可能产生风险的承担，而信任行为则是承担着一定风险的行为。如果人们对某一信任程度超越了感知风险的阈值，那么消费者就会愿意不计较承担一定的风险，而去实施相关行为。因此信任往往是克服一种不利后果所导致的感知风险的关键因素（李沁芳，2007）。

电子商务出现以后，在研究消费者网上购买的行为上，许多学者都认为信任与感知风险有着比较强的关联作用。Yousafzai 等研究电子银行的使用行为，结果显示使用电子银行的过程中，感知风险与消费者信任密切相关（Yousafzai，Pallister & Foxall，2003）。Kim 等发现网络上的信任与其感知风险对消费者网上购买决策和意图有显著影响（Kim，Ferrin & Rao，2008）。杨青、钱新华和庞川（2011）认为电子商务中信任很关键，网上支付平台的信任同样影响感知风险和支付意图，并通过构建模型验证了这一结论。Ratnasingam（2003）在研究组织间信任时构建信任模型，认为电子商务中感知利益和感知风险对信任都产生了直接影响，进而对电子商务最后的交易行为产生影响。分享经济环境是通信技术驱动型的交易环境，也是网络电子商务的一种形式。分享经济视角下的 P2P 住宿商业模式是由电子商务衍生而来的，与电子商务有密不可分的联系和内在一致性，因此其感知风险对信任也存在着一定的影响。

2.5.4 实证研究

互联网兴起之后，学术界非常重视感知风险的研究。Andrew 等人（2004）研究消费者网络购物的感知风险，发现网上零售店家的声誉和规模是影响感知风险的基本因素。李宝玲和李琪（2007）针对网上消费者感知风险的主要来源进行分析，结果显示产品因素、网络零售商服务、网上交易因素和互联网技术这几方面是降低风险的主要途径。许博等（2010）对网上消费者感知风险进行了深入研究，通过基于 Web 的实验系统模拟在线 C2C 市场的交易跟踪显示：店家的声誉和消费者之前经历对感知风险有影响，同时在交易过程中，产品净收益、产品种类和价格也对风险有直接影响。朱俊 2012 年从心理学和行为学的角度分析了网络团购的感知风险影响因素，通过大量的实证研究发现，消费者感知风险各维度受到产品价格、产品品牌和参照群体规模影响，同时对于渠道和信息的清晰认知也是重要的影响因素。魏明侠等（2014）基于仿真系统，研究网上信用风险感知的影响因素，并构建了网上信用风险感知体系。

还有大量的文献研究了感知风险的前因和结果，这些文献中的实证主义研究提供了科学严谨和控制力强的研究方法和应对策略，但是容易在一定程度上固定了消费者行为过程；定性研究和扎根理论为我们提供了更为全面合理地理解消费者行为的解释，尽管关注了消费者主观感受和体验，但又过于抽象和受环境等外因影响，导致缺失操作性。随着互联网络的普及和深入，商业模式的不断创新和发展，在新的环境下感知风险的前因和结果研究即便在既有框架之下，其内涵和应用也正发生着重大改变。因此需要学者们持续不断跟踪、挖掘和发现。而且随着分享经济时代的到来，买卖双方决策范围的扩大、自主权的增强，消费者感知风险的形成会出现一系列的动态变化，而现有文献大多仍集中在对原有研究成果的验证或修正，缺乏基于新形式和新商业模式消费者购买决策的感知风险研究。

2.5.5 测量

感知风险概念的研究揭示了感知风险的本质与属性，但并没有回答其具体的测量构面。从概念上来分析，Cox（1967）认为感知风险是由多个维度构成的，构成消费者的感知风险与财务或社会心理有关，而 Cunningham（1967）认为消费者感知风险包括社会后果、资金损失、物理损伤、时间损失、产品性能等问题。在此之后，消费者行为领域的学者们对感知风险进行了深入研究，把感知风险分解成不同维度来分析。有的学者将感知风险分解为六个维度：性能、财务、机会、安全、社会损失及心理损失（Cunningham，Gerlach & Harper，2005）。Featherman 和 Pavlou（2003）则考虑到隐私风险和安全风险作为感知风险的维度，特别提出剔除物理风险因素。随着电子商务和互联网平台的发展，消费者的购买模式发生了改变，很多学者纷纷将研究视角瞄准了网络购物环境下消费者的感知风险。Nena（2003）对产生风险的前因进行了深入研究，结果显示网上购物感知风险受到七个维度影响，分别是经济风险、社会风险、质量风险、心理风险、健康风险、个人风险、时间风险。高海霞（2003）基于中国手机 App 应用市场进行研究，发现网上购物感知风险是从产品风险、身体安全风险、社会心理风险和误购风险四个维度来测量的。董大海、李广辉和杨毅（2005）通过结构方程和回归分析得到了消费者网上购物的网络购物伴随风险、网络零售商核心服务风险、个人隐私风险与假货风险是感知风险的四个构面。井淼、周颖和吕巍（2006）利用探索性因子分析和验证性因子分析得出在传统的六维度感知风险已经不符合现在的购物环境，应该是八维度的感知风险，在原有的构面上增加了服务风险和隐私风险。于红（2013）在研究网络团购感知风险中也得出了八个维度，分别是产品风险、经济风险、信息风险、判别风险、隐私风险、时间风险、社会风险和售后服务风险。简迎辉和聂晶晶（2015）对网络购物提出感知风险的七个维度：商店不可靠风险、产品效果风险、时间风险、个人信息被滥用风险、财务风险、交付风险和保障风险。通过对感知风险维度研究的整理可以看出，研究者大多是依据以经济、身体、功能、心理、社会、时间这六个维度为基础，结合具体环境，通过实证方法来增加或减少相关维度。特别是在网络购物情境下，出现了服务风险、操作风险、隐私风险等新维度。现有研究结论的维度划分，并非基于同一标准，尤其是在分享经济环境下，针对 P2P 住宿这种新的商业模式下的感知风险还鲜有研究，亟待建立这一领域创新性的理论体系。

2.6 行为意向

2.6.1 定义

行为意向通常指人们对待或处理客观事物的活动，表现为人们的欲望、愿望、希望、谋虑等行为反应倾向。行为意向即行为的准备状态，准备对客观事物作出一定的反应，因而是一种行为倾向或意图。现将各学者对于行为意向的定义整理如表 2-8 所示。

表 2-8 国内外学者对行为意向的定义整理表

学者	年份	对行为意向的定义
Fishbein & Ajzen	1975	衡量一个人执行具体行为意图的力量（Maloud Yousif Shakona，2013）
Swan	1981	对于未来的行为，个人的预期或计划（Maloud Yousif Shakona，2013）

（续表）

学者	年份	对行为意向的定义
Courneya	1994	目的是个体参与活动的频率，而不是参与的概率和可能性（Maloud Yousif Shakona，2013）
Conner &Armitage	1998	指一个人，她或他有意识地计划或决定努力制定行为的动机
Correia，Santos，& Barros	2007	采用或不采用某种形式行为的主观概率
吴丽敏	2015	是行为的表达意愿，是对态度、认知和情感对象的一种反应倾向
Lai，Liu，Sun，Zhang & Xu	2015	被衡量为购买的可能性以及未来向朋友和其他人推荐的可能性
刘建伟	2018	是行为意愿的强弱程度，做某种行为的倾向性和可能性

数据来源：本书整理

行为意向是消费者行为理论中一个重要的研究内容。较早的消费者行为研究从营销和心理的角度切入，主要集中在制造业领域，其中对消费者购买意向及其影响因素的研究一直是国内外营销学者关注的焦点。由于行为意向对行为预测有极为重要的指示作用，是对于未来行为的预期和计划，所以对消费者行为意向形成机制的分析和解释非常重要。行为意向与行为是两个有本质区别的概念。消费者行为意向仅仅指的是消费者某种行为发生的倾向，是一种主观概率，从行为意向到行为还要经过比较复杂的过程，还会受到很多外因和偶发事件影响。要研究行为，不但要对行为意向有清晰的了解，还要对众多更为复杂的偶发性因素进行研究（李敏华，2007）。在消费者行为的相关研究中，由于行为还会受到很多不可控因素的影响，所以学者们大多使用消费者行为意向这一概念来研究，从消费者的欲望与愿望倾向角度来分析，进而了解到更多的消费者行为。

2.6.2 信任与行为意向的关系

信任不是一成不变的，会随着时间的变化而产生动态变化，它体现了人类对事物的认知，受到周边环境的影响很大。在个人对某一人或事物逐渐认知和熟悉中，从最初的没有信任发展到信任的持续，有时在一定条件下对某一人或事物的信任会转移到另外一个人或事物上面（陈蕾，2016）。信任理论起初用于社会学和心理学，近年来它凭借多属性特征，成为经济学和组织行为学研究的热点之一。电子商务领域初始研究中，学者们引用了计划行为理论模型，从该模型中纳入信任变量，解释信任正向影响网络购物使用意愿。对于电子商务信任的研究大多从消费者行为和心理影响的视角展开，计划行为理论认为行为态度会导致使用行为，信任作为一种行为态度会直接影响用户的使用行为（Paul，Bill & Anson，2007）。学术界普遍认为，消费者信任会影响消费者的行为意图，并作了大量的研究。Singh 和 Sirdeshmukh（2000）认为，信任越强则顾客的行为越强，信任可以增加对企业和产品的黏性，让顾客成为忠诚用户。Zhao 等（2012）在研究用户对企业微博的使用时发现，用户对企业微博的信任会对用户行为意向产生正向影响。谢礼珊和李健仪在 2007 年对广州的 300 多名游客进行问卷调查，结论显示：旅游过程中，信任是影响游客行为意向的最重要因素之一。信任是一种心理状态，它是在人与人相互接触、相互交往和相互影响之中产生的，这种状态产生是一个过程。于坤章、陈琳和俞赟芳（2009）的研究显示顾客行为意向是顾客信任的结果，信任是消费者认知中的一部分。

旅游服务的无形性会产生不确定性结果，服务产生与消费的同时性特点使得服务的主客体有交互性和互操作性，会增加消费者感觉中的购买风险。游客在预订 P2P 住宿时，会更愿意选择自己信赖的房东或方式提供产品和服务，这样可以减少由旅游服务和信息的不确定性带来的风险。社会心理学家认为，人们对熟悉一方的信任感会转移到与该方关系密切的行为（谢礼珊、李健仪，2007）。因此，熟悉程度对消费者信任和意愿之间的关系有一定的影响。

（1）熟悉度对信任与行为意向的影响

在学者们不断对信任进行深入研究过程中，发现信任不是一成不变的，会受到其他因素影响，在买卖双方交流和互动关系发展的历程中，信任会随着熟悉程度的变化不断变化（方雅贤，2015）。在双方关系建立的初期，信任主要表现为基于制度、计算或知识等形式，而随着双方交往的深入，越来越熟悉，信任则逐渐表现为认知、感情等形式，而且更为重要和更为持久。在消费者购买过程中，为了降低购买风险，顾客往往会与自己熟悉的、能够满足自己期望的企业或个人保持长期的关系（谢礼珊、韩小芸、顾赟，2007）。“熟悉度（Familiarity）”这一概念很早就引入了旅游的研究之中。Dann（1996）通过传达“当地土著都很友善而且会说英文”的案例来研究熟悉度，认为熟悉度是旅游购物中的一种特殊策略。熟悉解释为清楚地知道，熟悉度是这种行为的程度，可以消除潜在游客的担心和被排斥的疑虑。熟悉度在旅游产品上有着比较重要的含义，因为潜在游客在抵达或购买前不能预先体验陌生的环境和产品，所以如果能给予潜在游客熟悉的感觉将有助于旅游产品的销售（杨杰、胡平、苑炳慧，2009）。Mittendorf（2017）以 Uber 为例，研究证实乘客的熟悉度显著影响用户的信任程度。因此熟悉度对信任和旅游选择决策关系有正向的影响。有学者认为信息和经历是提高熟悉度的两个要素（Baloglu，2001）。

（2）信任倾向对信任与行为意向的影响

信任倾向所指的是一个人表现出的信任他人或信任某种事物的趋势，是在信任研究中需要考虑的重要因素之一（陈蕾，2016）。Mittendorf 和 Ostermann（2017）指出的信任倾向是施信方在特定情形下信任受信方的意愿。每个人心理性格不同，对于新观念、新发明和新风尚等的接受和采纳程度是不一样的。信任倾向反映了消费者自身的属性和特征，是指一个人在成长的过程中，由于个体的生活经历、个性和性格以及在其成长环境中逐渐形成的一种个人差异和特征，学术界认为信任倾向主要包含两方面的含义，一是对人性的信念，换句话说就是认为其他人都是可以信任的，而另一方面是指信任姿态，即信任者认为信任会给自己带来更好的结果，从而不会考虑这种信任是否是合理的（陈蕾，2016）。有学者对 P2P 住宿进行研究发现，性格方面的差异对人群的参与至关重要（Pezenka，Weismayer & Lalicic，2017）。Gefen（2002）和 Kim 等（2008）在研究电子商务环境下的信任和行为时，结果显示消费者信任倾向能够在信任与行为意向之间起到一定的影响。Kim 和 Prabhakar（2004）的研究结果显示陌生人之间或人们在没有相互交往的经历之前，信任倾向高的人较容易相信他人，并且对一种新技术或新服务产生信任。由于分享经济视角下，游客在选择 P2P 住宿商业模式时，往往都是对这一活动缺乏经验，而 P2P 住宿商业模式是一种新型的模式，消费者接受它首先需要接受住宿观念的转变，因此信任倾向对游客的信任与行为意向中起到很大的调节作用。

2.6.3 感知风险与行为意向的关系

感知风险产生的原因在于消费者的行为有可能产生无法预期的结果，而这些结果可能会使消费者感到不愉快（陈彦如、杨进广、蒋阳升，2014）。管理学的观点认为，由于感知风险存在，在理性的思维模式下使得人们会倾向于采取规避风险的决策行为（岑成德、钟煌维，2011）。在目前的研究中，很多研究都显示出感知风险与行为存在一定的相关性，行为受到感知风险的影响。Chen 和

Chang（2012）在对绿色产品购买行为的研究中发现，感知风险会直接负向影响行为意愿。2011 年 Mclaren、Hyde 和 Whit 在进行医学行为研究中发现，感知风险直接负向影响行为意愿与态度。有学者在对定制服装购买的研究中，结果也显示为感知风险通过主观规范影响行为意愿（Kim & Kang，2012）。在对网购行为研究中也发现，感知风险对行为意愿有影响（Chang，2012）。对国际银行业务使用行为的研究中发现，感知风险负向影响行为意愿（Martins，Oliveira & Popovi，2013）。Vijayasarathy 和 Jones（2000）通过实证方法得出结论：感知风险对购买意愿有直接负向影响。分享经济下旅游 P2P 住宿是一种新型的商业模式，也是在电子商务的环境下发展起来的，所以消费者无法直接接触产品本身，很难判断产品的质量，感知风险和消费者作选择决策有一定的关联性。

2.6.4 信任、感知风险与行为意向的关系

在电子商务研究领域的初始阶段，信任只是简单地以单一变量出现，讨论其与行为意向的关系问题。于坤章和宋泽（2005）结合信任变量和计划行为理论、技术接受模型来证明信任缺失已经成为阻碍网络购物发展的重要原因，研究结果发现，信任确是影响购买意向的主要因素。熊焰、李阳（2008）同样将信任与行为意向融入研究框架，并且运用中国电子商务顾客的经验数据证明，信任对使用意图存在正向影响。学者们在继续深入对顾客信任和行为意向理论的研究后发现，信任不再单独只对行为产生直接影响，也可以在感知风险和行为意向中起到中介作用，即降低风险感知先会增加信任感，从而明确促进消费者行为意图。在电子商务发展的早期，由于消费者对这类新鲜事物不了解，因此在初期，消费者的感知风险比较大，未建立信任基础。风险和信任是相辅相成的，相互依存的，消费者基于对于电子商务的了解后，就能帮助顾客降低感知风险，更增加信任，因此提出信任在直接影响消费者购买意愿的同时也会在影响感知风险和购买意愿中起到中介作用。赵冬梅等（2010）验证了这样的假设命题。Martin 等（2015）也重新审视线上消费者的再次购物行为，通过模型分析，结果显示信任受感知风险影响再对网上购物意图起作用。基于互联网交易的不确定性环境，消费者对风险预期比较重视，越来越多的学者进一步探究以信任为中介对感知风险的影响，以及前置和结果因素，并综合考虑信任和感知风险同时存在与消费者行为的关系。分享经济下的旅游 P2P 住宿，对于游客来说也是一个比较新鲜的商业模式，游客在

对它的接触中建立了解和信任，从而达到降低感知风险的目的，进而影响选择使用意向。同时，信任在网络购物环境下，又是影响行为意向的主要因素之一，所以在旅游 P2P 住宿商业模式中，信任、感知风险和选择行为意向的关系如图 2-9 所示，

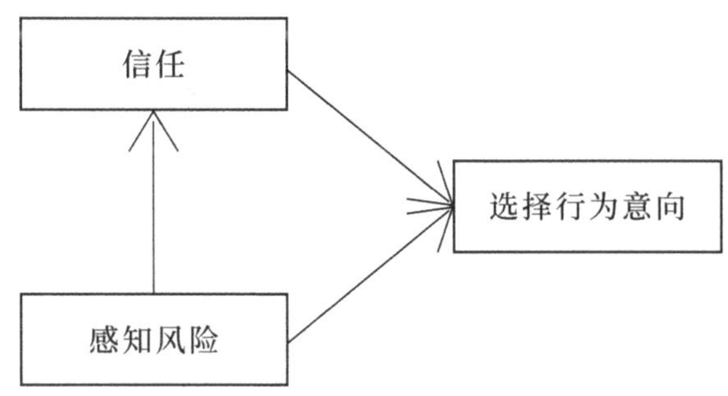

图 2-9 信任、感知风险与行为意向的关系图

2.6.5 实证研究

当前世界经济增速逐渐放缓，各国经济结构也在优化升级并逐渐呈现新常态特征，这给分享经济的发展带来新的机遇和挑战。最近几年学术界也出现了对分享经济视角下消费者住宿行为意向分析的关注。Liang、Choi 和 Joppe（2017）探讨了在 Airbnb 环境下满意度、信任度和转换意愿以及回购意向之间的关系。提出了信任、满意与再购意向和转换意向之间关系的理论框架。结果表明，信任被确定为基于交易的满意和回购意图之间的中介，信任度对回购意图有显著的影响。Airbnb 通过为顾客提供“宾至如归”和“非典型住宿”而使自己与传统酒店区分开来。营销人员需要制定个性化的信息，以提高点击率和在线购买量（Liu & Mattila，2017）。还有学者使用两种不同的方法来收集数据，对 Airbnb 和传统酒店的客户进行在线调查，并与酒店高管进行深入访谈。调查结果显示，与预订传统酒店的顾客相比，预订 Airbnb 的客户的类型和动机存在显著差异（Varma，Jukic，Pestek，Shultz & Nestorov，2016）。为了更好地理解消费者在分享经济中的行为特征，有学者研究考察了影响顾客对 P2P 住宿满意度的因素，以及他们打算今后再次使用它的意图。根据对居住在美国的 644 名旅客的在线调查，顾客满意度被确定为受到娱乐因素、金钱利益和住宿设施的影响（Tussyadiah，2015）。Ert 等在 2016 年的研究则更具创新性，从 Airbnb 房主发布的照片以及大众对图像的认知来研究，分析了其对市场选择行为的引导影响，从技术角度

为旅游分享经济网络平台更好地针对市场和顾客提供服务和参考。Tussyadiah 和 Pesonen 2016 年针对来自美国和芬兰的两个在线调查，确定了 P2P 住宿对社会和经济来说，显著影响了目的地的选择行为意图。国内对这一领域的研究相对比较少，一般还处于宏观视野下分析。纵观国内外的相关研究，对分享经济的 P2P 住宿商业模式的研究还处于初级阶段，对游客行为意向的研究比较少，尤其是中国人口众多，旅游人数近几年不断攀升，分享经济的旅游行为将会受到更多企业和学者们的关注。

2.6.6 测量

行为意向是指个体打算从事某种行为的主观概率（Ajzen，1991）。在大量实证研究测量中常表现为对某种行为的尝试和想要去做的可能程度。本书作者将国内外关于行为意向进行实证研究的相关测量的量表整理如表 2-9 所示。

表 2-9 行为意向测量相关文献

作者 / 年代	研究内容	测量维度
范莉雯 2002	大学生参与生态旅游行为意向	我愿意参加…… 我可能参加……
Pal K.， Jostein &R.， Sephten S. 2005	自我效能对计划行为理论的解释与预测	我预计从事……行为 我将从事……行为的可能性 我计划从事……行为 我打算从事……行为
于丹 2007	品牌购买行为研究	购买……的可能性 购买……的机会 购买……赞同性 购买……真实性 购买……想法是强 / 弱
李敏华 2007	对乡村旅游行为意向形成机制进行研究	从三个维度进行分析： 重复购买 支付溢价 正向推荐
闫杉 2015	旅游景区微博营销对游客行为意向的影响研究	打算去…… 会推荐…… 可能会再次……
Yeajin J.， Heejung R.， & Tae-hee K. 2015	社会服务环境： 社会因素对餐厅形象和行为意向的影响	愿意推荐给别人 愿意多待一会儿 愿意花更多的钱
Nikolaos Pappas 2017	网络预订住宿购买的行为意向的混合研究	我喜欢去预订…… 我喜欢去推荐…… 我喜欢再次预订……

游客行为意向的测量是指获取个体实际行为数据的过程。由上表可以看出，行为意向的研究不同的研究对象有不同的维度和构面。问卷调查是测量顾客行为意向的常用方法，本书采用此方法进行研究。

2.7 感知收益

2.7.1 定义

消费者感知是指消费者在某种购买决策行为前对未来结果的一种预期，该预期会影响消费者购买行为倾向，并导致最终行为的发生。感知收益（Perceived Benefit），有时也被学者专家称为预见利益或感知利得，该词语最初来源于经济学。1988 年，Zeithaml 教授从消费者的心理角度，把消费者感知价值一词定义为消费者所能感知到的收益与消费者在获取产品和产品服务的同时所付出的成本，然后对二者权衡之后得出的效用评价，感知风险也会伴随着出现。感知价值的核心和重点就在于感知收益与感知风险之间如何更好地平衡，之后在消费者行为学领域的大部分相关研究都在某种特定情况下，个体预测某种行为时产生的正面影响，也就是通常所说的感知收益。感知收益是顾客从产品或服务中所能感受到的所有收获，是消费者基于主观的感知评价。消费者感知收益的大小既与产品或服务本身有关，也与企业和外在因素相关（Jarvenpaa & Todd，1997）。还有专家指出：感知收益也可以理解为消费者对某种产品可以为其带来的益处感知（Keller，1993）。收益理应是消费者在购买其想要的产品过程中想得到的价值，感知收益和消费个体对该产品本身属性的具体感知有关，这就是消费个体想要的价值（Kotler，1999）。主观感受作为感知收益的标准之一，需要对购买行为作出正确的判断，这一判断对购买产品和服务行为的持续性起到了决定性的作用，为其提供了重要的参考价值。这一概念在经济学中也普遍存在，即个体在支出与收入对比过程中产生的概念。也有学者把感知收益定义为从感知到不确定中出现的积极方面（Chandon，Wansink & Laurent，2000）。例如消费者使用相关的促销活动节省资金，可能促销活动还提供了除货币之外的其他收益。Chandon 等人（2000）发现了感知收益包括消费者对价值的渴望、娱乐探索（享乐收益）和更高的产品质量和便利（功能收益）。

2.7.2 感知收益与行为意向的关系

较之传统商业模式，网络购物过程存在潜在的风险，所以对于消费者而言，不仅希望能够最大化得到预期的收益，而且希望把风险尽量减到最小。例如，在新型网络环境下购物时，当客户决定购买某家商品或某种服务时，他会潜意识地判断收益和风险的比例，而大量数据表明，感知收益对消费者的购买意愿有很大影响。在研究消费者电子商务采纳行为中，用实证的研究方法证明了产品存在差异，所以消费者的感知收益也存在差异，进而影响消费者行为意向。在互联网环境下，线上信息的动机与测量中也同样证明了感知收益显著影响行为意向（Hui，Tan & Goh，2006）。有学者的研究显示感知收益对购买意向的正面积极影响，并将感知收益定义为消费者在网上交易中感知好处的增加程度（Kim，Ferrin & Rao，2008）。赵冬梅和纪淑娴（2010）两位学者通过实证研究证明感知收益会直接影响消费者网络购买的意愿和主张。张汉鹏等（2013）利用网购环境下消费者购买意愿数据分析图详细地阐述了电商环境下消费者的购买意愿不仅受感知收益的影响，而且受到感知风险左右。Easley（2016）从跨文化角度对感知收益、感知风险以及网络购物过程进行深入探索，尤其是对美英等发达国家的消费者以及美国和印度消费者在网上购物的感知利益和风险的测量对比得出结论，其对消费者购买决定都有影响。

2.7.3 实证研究

消费者一般都是在不完全掌握信息的情况下作出购买决策的，所以购买的不确定性必然存在。早在1998年，Margherio教授就发现：相比传统购物模式，网络购物模式的优势就在于让顾客确实感受到节约了时间和金钱，而且非常地便利和自由，同时可选的产品还更加多样等好处。还有学者的研究显示感知收益对购买意向的正面积极影响，并将感知收益定义为消费者在网上交易中感知好处的增加程度（Kim，Ferrin & Rao，2008）。还有大量的文献研究了感知收益的前因和结果，上述文献中实证主义都证明了这一点，在一定程度上硬化了消费者行为过程，但是却给专家学者提供了研究方法和研究策略；而非实证主义研究虽然关注了消费者感受和亲身体验，但是太过抽象而缺乏可行性。随着互联网的普及和深入，商业模式的不断创新和发展，感知收益的研究领域会越来越广泛。而且随着分享经济时代的到来，买卖双方可选择的范围不断增大、自主权逐步增强，感知收益在形态上会呈现不规则的动态变化趋势，而多数文献仍旧集中在对原来传统研究成果的验证，缺乏基于新形式和新商业模式消费者购买决策的感知收益研究。

2.7.4 测量

感知收益研究和测量在社会科学领域中一直都比较受重视。Lee（2009）把网上银行的感知收益分成了两个内容：直接收益和间接收益。直接收益就是通常所说的容易感知的收益类型，例如交易速度快、信息透明等方面；而间接收益就是指不易感知、不易测量的收益类型。Martinez 和 Redondo（2004）在研究采纳某项技术的收益时，将感知收益划分为战略收益、直接收益和间接收益，其中战略收益指增强客户忠诚度的收益。在国内对新媒体环境下用户信息交互意愿影响因素的研究中，学者们把感知收益分为感知有用性和感知娱乐性两个维度（王晰巍、李师萌、王楠阿雪、杨梦晴，2017）。特别是在网络购物情境下，出现了很多新维度。现有研究结论的维度划分，并非基于同一标准，尤其是在分享经济环境下，针对 P2P 住宿商业模式这种新的商业模式下的感知收益还鲜有研究，亟待建立这一领域创新性的理论体系。游客感知收益的测量是指获取个体实际认知数据的过程。感知收益的研究对不同的研究对象有不同的维度和构面。本书感知收益变量的测量方法主要参考 Pappas 2017 年的量表，研究主要针对的是在线旅游产品的购买行为。

第3章　研究方法及设计

本书根据管理学研究方法中有关中介变量、自变量与因变量之间的关系，通过中介变量这一与消费者有关的不可观察的过程或状态，揭示自变量与因变量之间的关系。本书采用以定量为主的方法进行研究。数据搜集具体包括访谈、问卷设计、预测试和问卷调查等几项工作。本书通过设置不同变量来研究游客对P2P住宿选择行为意向的影响，在研究过程中又将变量分解并进一步细化以便有利于问卷调查，并得到更为有效的结论。本书在研究过程中主要通过信度和效度检验、因子分析、回归分析和结构方程等对变量进行解释，对模型进行检验，以使结论更为严谨。本章还介绍了实现研究目标的命题假设和问卷调查的开发，以及如何数据收集和数据分析。

3.1　研究方法

本书的目的是通过对旅游业P2P住宿商业模式的影响研究，试图全面地揭示游客对P2P住宿商业模式的认知。本书根据研究目的采取了以定量为主的研究方法。

3.1.1　定性研究与定量研究

定性与定量研究方法是社会科学领域的基本研究范式，也是科学研究的重要步骤和方法。定性研究方法指的是根据社会现象或事物所具有的属性和在运动中的矛盾变化，从事物的内在规定性来研究事物的一种方法或角度（吴明隆，1999）。定性研究最大的优点是对潜在的理由和动机求得一个定性的理解。定性研究的主要形式有小组座谈会、一对一访谈等，本书所采用的定性研究方法为半结构深度访谈。因为单从文献中获取研究变量具有局限性和时间滞后性，而通过深度访谈得到的受访者的答案可以使研究变量更具说服力，同时也符合与时俱进的研究目标，这样就不仅仅是只吸收研究过的学者的观点。本书采用定性分析是为了可以初步判断游客在选择P2P住宿商业模式意愿的重要影响因素，通过访谈的形式将问题更加详细化和规范化。

定量研究方法是从量的方面分析研究事物，运用数学方法研究和考察事物之间的相互联系和相互作用的方法（吴明隆，1999）。定量研究设计的主要方法有调查法、相关法和实验法等。本书采用定量分析的原因有两个：其一，使用定量分析可以更精确地描述所分析的问题和各个变量之间的联系；其二，在研究目标上，使用定量分析可以预测和控制研究内容。

本书采用定量与定性相结合的研究方法，这样既可以弥补定量研究分析效度相对较低、对现象的解释力较弱的缺点，也可以弥补定性研究信度较低的不足。同时采用了结构方程的方法来验证模型，本书需要处理多个原因和多个结果的关系，会碰到不可直接观测的变量（即潜变量），运用传统的统计方法不能很好地解决相关问题，结构方程可以弥补传统方法的不足，进行多元分析，比简单的回归方法更加准确和可靠。

3.1.2 收集和分析资料工具

本书根据研究目的，采取具体的数据收集和数据分析工具为文献分析法、对比分析法、访谈法、统计分析法和问卷调查法。

第一，文献分析法。文献研究分析对于任何领域的研究都是非常重要的，其目的在于将自身的研究建立在之前研究的基础上，文献回顾是分析研究内容、构建理论以及研究创新的基础。本书在第二章对研究相关的文献进行搜集、鉴别和整理，总结文献的结论、成果、发展趋势及研究的不足，并在此基础上进一步说明本书的研究意义。本书的理论支撑是以文献归纳的理论基础作为出发点，由研究思路和研究假设形成的。本书主要是通过 Science Direct、EBSCOHOST、Google Scholar 等进行了英文文献的搜索，同时利用万方数据库、中国知网、台湾华艺在线图书馆和台湾硕博士研究知识价值系统进行了中文文献的搜索。

第二，对比分析法。对比分析法也称比较分析法，是把客观事物之间加以比较，以达到认识事物的本质和规律并作出客观、正确的评价。对比分析法通常是把两个相互联系的指针数据进行比较，从数量差异说明研究对象的各种关系。本书把 P2P 住宿与传统酒店进行比较，以考察游客的行为变化和未来的趋势变化。

第三，访谈法。访谈法是指研究人员通过与受访者进行面对面的交流，加深对他们的了解以获取信息的一种研究分析方法。访谈法的优点是灵活、准确和深入。访谈是研究人员与受访者双方交流、双向沟通的过程。如果受访者不理解问题，可以随时提出询问要求解释；如果调查人员发现受访者误解问题，也可以适时地解说或引导。同时深度访谈法可以探讨较为复杂的问题，并获取新的、深层次的信息。依据不同的分类标准，访谈法可以分为多种类型：结构性访谈、半结构性访谈、非结构性访谈；个别访谈、集体访谈；面对面访谈、电话访谈、集体访谈，等等（袁芳，1997）。本书采用面对面形式的半结构性深度访谈法邀请了 9 位研究电子商务旅游的专家学者、资深从业者和旅游专业的博士研究生进行深度访谈，并且共同阅读并填写调查问卷。本书提出访谈内容的大纲，由受访者自由发挥，通过访谈的方式对研究变量的测量题项和整体模型作出进一步的调整和确认，从而提高测量的效度和信度。

第四，问卷调查法。问卷调查法是调查研究中采用得最频繁的一种基本方法，它是研究者用统一严格设计的问卷，通过书面语言与调查者进行交流，来搜集研究对象关于问题或现象的信息和数据的方法。问卷调查法的最大优点是标准化程度比较高、匿名性强和效率出色。被调查者只根据问卷回答问题，避免研究受到调查者主观意识影响。问卷调查法的匿名性会消除被调查者的疑虑，而且它还具有省时省力的效果，便于后期的统计和分析。

第五，统计分析法。统计分析法指通过对研究对象数量关系的分析研究，认识和揭示事物间的相互关系、变化规律和发展趋势，以达到对事物的正确解释和预测的一种研究方法。它已成为当今世界自然科学和社会科学研究中不可缺少的研究法。统计分析法就是运用数学统计方式，建立相对应的模型，对通过调查获取的各种信息及数据进行数理统计和分析，形成定量的结论。统计分析方法是目前广泛使用的现代科学方法，是一种比较科学、精确和客观的测量和评估方法。本书把收集到的调查问卷用计算机软件录入系统中，用统计的方法计算出变量之间的关系和互相影响程度，再利用部分最小二乘结构方程对模型进行检验，以获得较为全面的认知。

本书采用 SPSS 22 对数据进行分析，数据分析方法采用逐步多元回归，对于模型的验证采用结构方程方法。关于信任对感知风险和选择行为意向关系作用的中介效应，本书采用温忠麟等 2004 年提出的中介效应检验程序。首先建立与解释变量 X（感知风险）、中介变量 M（信任）和被解释变量 Y（选择行为意向）有关的三个回归方程，具体如下：

$$Y=c_1X+\varepsilon_1 \quad (1)$$

$$M=aX+\varepsilon_2 \tag{2}$$

$$Y=c_2X+bM+\varepsilon_3 \tag{3}$$

然后，按以下程序对回归系数依次进行分析：第一步对系数 c_1 进行检验，若显著，则进行第二步，若不显著，则检验程序结束。第二步依次对系数 a、b 进行检验，若都显著说明解释变量 X 对被解释变量 Y 的影响至少有一部分是通过中介变量 M 实现的，则继续第三步，若至少有一个不显著，则不能下结论，然后进行第四步。第三步是对系数进行检验，如果显著，则 M 对 X 和 Y 的关系起部分中介作用，如果不显著，则 M 对 X 与 Y 的关系起完全中介作用，检验结束。第四步进行 Sobel 检验，如果检验显著，则 M 的中介作用显著。

本书采用结构方程来对模型进行验证。由于回归分析不允许有多个因变量或输出变量，中介变量不能包含在与预测因子一样的模型中；预测因子假设没有测量误差；预测因子间的多重共线性会妨碍结果解释等局限性，所以本书采用结构方程的方法。结构方程模型采用模型构建、模型拟合、模型评价和模型修正四个步骤。模型构建是构建研究模型，具体包括：观测变量（指标）与潜变量（因子）的关系，各潜变量之间的相互关系。模型拟合是对模型求解，其中主要是模型参数的估计，求得参数使模型隐含的协方差矩阵与样本协方差矩阵的“差距”最小。模型评价是检查模型，首先进行路径系数 / 载荷系数的显著性分析，然后判断各参数与默认模型的关系是否合理，最后是评价各拟合指数是否通过。模型修正包括模型扩展（使用修正指数）或模型限制（使用临界比率）。本书的研究流程与方法如图 3-1 所示。

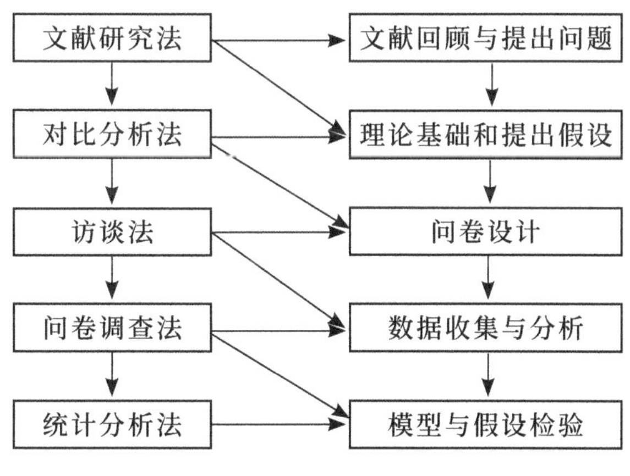

图 3-1　研究流程和方法

本书主要采用的是实证主义方法论，对社会现象采取客观主义态度或所谓“价值中立”的立场，具有客观性和科学性。资料收集过程采用一种实验的、操作性的方法，对研究对象和研究结论不作个人主观主义的价值判断，强调对假设进行实证和整体主义的验证，通过研究将选择行为意向的影响因素用精确化的方法进行分析，从而达到了解旅游业分享经济 P2P 住宿商业模式及未来市场发展的目的。

3.2 研究假设

3.2.1 操作性定义

在本书中，渠道相关因素、住宿相关因素和个人与房东因素作为信任的前置变量，信任作为中介变量。此外，以信任、感知风险和感知收益三个结构来检验酒店客户的意图，即游客为什么选择 P2P 住宿商业模式，而不是选择传统酒店住宿。

1. 渠道相关因素

渠道相关因素在游客选择渠道的过程中扮演了一个重要的角色，例如游客在进行互联网购物选择时，首先会考虑易用性、支付安全、吸引等因素（Verhoef, Neslin & Vroomen，2007）。由于渠道因素，特别是利用在线旅游服务平台可以作为房东与游客进行信息沟通的媒介，因此有必要从在线网络平台考察渠道相关因素。顾客对某个渠道或是某个在线旅游服务平台的偏好主要是源于自身效用最大化，即对多个渠道提供给他们的成本和收益之间的衡量而进行的选择（Gupta, Su & Walter，2004）。本书以分享经济为视角，渠道相关因素是指游客对于渠道的选择取决于对渠道属性和在线旅游平台的感知程度。通过已有文献回顾发现五个维度影响渠道选择，包括渠道易用性、渠道安全性、渠道回应性、渠道履行性和渠道视觉吸引（李婧宁、武邦涛，2017）。

2. 住宿相关因素

住宿相关因素主要指了解住宿的产品属性，如住宿的图片数量、住宿图片的质量、住宿条件的信息质量等，具体指住宿的地方使游客感受到生活更愉快或舒适的便利设备和设施。本书的住宿相关因素指的是游客选择 P2P 住宿而不选择传统酒店住宿，了解住宿产品的属性的影响因素。

3. 个人与房东因素

个人与房东因素是指房东与顾客之间通过网络平台进行互动交流的行为。良好的互动交流不仅能使顾客了解更多关于房屋的信息，还可以弥补其单方面获取信息的不足，从而更好地满足顾客自身的需求。Gunasekaran 和 Anandkumarb 在 2012 年研究替代酒店住宿时，认为替代酒店住宿等利于市场日益普及的原因包括竞争加剧和市场分散化，更加挑剔和寻求差异的客户以及通信技术，在选择住宿行为时，顾客与主人所进行的交流很重要。本书以分享经济为视角，个人与房东因素是指选择 P2P 住宿商业模式的游客通过网络平台进行互动交流的行为，通过对已有住宿选择文献回顾发现一个维度——主客关系维度影响个人与房东因素。

4. 信任

信任是人类社会产生以来人与人之间的一种交流与交互作用的产物，Rousseau 等在 1998 年总结了信任定义，它是一种心理状态，包括基于对另一个人的意图或行为的积极期望和信念。本书中信任是指在分享经济下旅游 P2P 住宿中，在网络平台交易的买卖双方，个体对他人承诺的普遍可靠性的信念，这种信任是交易中个体与个体建立合作关系的基础。

5. 感知风险

感知风险是指消费者在网上购物过程中，可能遭到的各种不确定因素，这些不确定因素造成不利结果的感知概率（于丹、董大海、金玉芳、李广辉，2006）。分享经济 P2P 住宿商业模式是一种全新的商务模式，它延续了电子商务购物的特点，消费者可以在网络平台上搜到关于住宿的大量信息，但是由于买卖双方交易的信息不对称性，顾客只能看到产品的图片和简单的文字介绍，不能接触到实体住宿本身，这就增加了买方对购买结果的不确定性。本书中感知风险的定义为游客在选择 P2P 住宿的不确定性因素和后果因素会发生有一定的主观预测概率，主要包括财务方面、产品性能方面和心理预期方面的风险。

6. 感知收益

感知收益为消费者在网上交易中感知好处的增加程度（Kim，Ferrin & Rao，2008）。本书中的感知收益是指在分享经济环境下，比起传统酒店住宿方式，P2P 住宿可以让消费者感受更多的旅游好处，如增加了目的地的选择、延长了游玩的时间和加大了出游的频率。

7. 信任倾向

每个人心理性格不同，对于新观念、新发明和新风尚等的接受和采纳程度是不一样的。信任倾向所指的是一个人表现出的信任他人或信任某种事物的趋势，是在信任研究中需要考虑的重要因素之一（陈蕾，2016）。Kim 和 Prabhakar（2004）的研究结果显示，人们在没有相互交往的经历之前，信任倾向高的人较容易对一种新技术或新服务产生信任。本书中的信任倾向是指在分享经济环境下，比起传统酒店住宿方式，游客由于个体不同，对 P2P 住宿商业模式表现出的信任趋势的差异和特征。

8. 熟悉度

在消费者购买过程中，为了降低购买风险，顾客往往会与自己熟悉的、能够满足自己期望的企业或个人保持长期的关系（谢礼珊、韩小芸、顾赟，2007）。本书研究中的熟悉度指的是在分享经济下，游客对 P2P 住宿商业模式的购买和使用的熟悉程度，它可以消除游客的担心和被排斥的疑虑。

9. 选择行为意向

本书 P2P 住宿商业模式对酒店业的影响研究是以游客的行为意向为因变量。行为意向是个体从事某种行为的意愿强度，也是企图执行某种行为的主观概率（Ajzen，1991）。理性行为理论、计划行为理论和技术接纳模型都认为个人的行为意向是预测行为的良好变量，其定义为“从事特定行为的自发性计划的强度”（Harrison，Dibben & Mason，1997）。换言之，是个人欲从事特定行为的主观概率。在没有特定环境或偶发因素影响其行为计划时，个人对特定行为的意图越强，则越有可能去从事该行为。旅游行为意向在时间上可分为两种，一种是在旅游前的行为意向，即旅游行为发生之前的潜在意向；另一种是游后行为意向，即旅游行为发生之后再次发生的可能旅游的行为意向。本书的研究对象是旅游者的 P2P 住宿之后的行为意向，即游客在对比了 P2P 住宿和酒店住宿之后对 P2P 住宿的重购、分享和溢价方面的意向。

3.2.2 关系假设

根据网络社会理论，分享经济是指利用互联网等现代信息技术整合、分享海量的分散化闲置资源，满足多样化需求的经济活动总和，通过基于互联网的分享平台和人人参与的大众化市场，将原本在线下难以对接的供给与需求有效衔接。

破坏性创新理论中商业模式的创新为主要针对非传统消费者提供不同的解决方案和替代方案。在刺激 – 有机体 – 反应（SOR）的研究范式下，对游客选择 P2P 住宿的刺激（S）、有机体（O）、反应（R）进行了维度的划分，其中渠道相关因素、住宿相关因素和个人与房东因素为选择 P2P 住宿的环境刺激；信任、感知风险和感知利益为有机体的内心活动阶段，即有机体阶段；消费者反应阶段，也就是顾客的购买阶段为游客选择 P2P 住宿的行为意向。本书从理论角度分析顾客选择 P2P 住宿商业模式行为的影响因素，并提出相应的作用关系假设，最后依据刺激 – 有机体 – 反应（SOR）模型提出分享经济视角下旅游 P2P 住宿商业模式对传统酒店业的影响关系模型。

Sautter 等（2004）提出了网上商店环境和顾客所处物理环境的双重环境刺激因素对其内在反应产生影响。杨兴寿（2016）在对互联网环境下环境刺激进行研究时，认为网络信任主要受三方面因素影响：产品因素、服务因素和渠道物流因素。Bitner（1992）在消费者行为研究中提出服务组织中理解环境 – 用户关系的 SOR 框架，明确了内在心理因素包括消费者信任信念认知。计划行为理论认为行为控制认知对个人的行为有重大影响，Liao 等（2007）学者在此基础上验证了消费者接受网上服务的信任度对网络行为有正向影响。于坤章、陈琳和俞赟芳（2009）的研究显示，顾客信任为消费者认知部分，行为意向是顾客信任的结果。由此，本书提出如下关系假设：

H_{1a}：渠道相关因素对 P2P 住宿商业模式的信任产生积极影响。

H_{2a}：住宿相关因素对 P2P 住宿商业模式的信任产生积极影响。

H_{3a}：个人与房东因素对 P2P 住宿商业模式的信任有积极影响。

H_{4a}：信任对游客选择 P2P 住宿商业模式意愿产生积极的影响。

Bitner（1992）在消费者行为研究中提出服务组织中理解环境 – 用户关系的 SOR 框架，明确了内在心理因素包括消费者信任信念认知。计划行为理论认为行为控制认知对个人的行为有重大影响，Chechen Liao 等（2007）学者在此基础上验证了消费者接受网上服务的信任度对网络行为有正向影响。Gefen（2002）和 Kim 等（2008）的研究结果均认为消费者信任倾向能够对电子商务环境下的信任和行为起到一定的影响作用。Kim 和 Prabhakar（2004）的研究结果显示人们在没有相互交往的经历之前，信任倾向高的人较容易对一种新技术或新服务产生信任。同时，人们对熟悉的一方的信任感会转移到与该方关系密切的行为（谢礼珊、李健仪，2007）。在学者们不断对信任进行深入研究时，发现在双方关系发展的历程中，信任会随着熟悉程度不断变化（方雅贤，2015）。因此，信任倾向与熟悉度对消费者信任和意愿之间的关系中有一定的影响，它会影响因变量和自变量之间关系的方向和强弱。由此，本书提出如下关系假设：

H_{4a}：信任倾向对选择P2P住宿商业模式的信任和意愿之间的关系有调节作用。

H_{4b}：熟悉度对选择P2P住宿商业模式的信任和意愿之间的关系有调节作用。

在分享经济的P2P住宿商业模式中，消费者购买前看不到也接触不到真实的产品，只能通过网络平台上的文字和图片了解一些产品知识，因此顾客与房东之间的沟通与交流等因素就显得非常重要。当消费者在购买产品时，为了减少购买的感知风险，当缺乏产品知识和评估质量的能力时，便会依赖搜索一些产品外部信息源来减少购买风险（Stone，Yates & Parker，1994）。Kotler（1999）认为产品因素是消费者感知风险的首要因素，因为产品本身才是消费者真正所需要的。Brown 等（2003）也认为不同的产品会影响消费者的风险感知，进而影响该消费者网上购买意愿。消费者对渠道的感知和反应会影响其渠道选择，进而影响其消费行为（Verhoef，Neslin &Vroomen，2007）。从损失厌恶理论角度认为，潜在的损失会比同样的收益更加令人难以接受，所以在购买的任何阶段渠道因素对感知风险都有重要的影响（Kahnemann & Tversky，2013）。由此，本书提出如下关系假设：

H_{1b}：P2P住宿商业模式选择的渠道相关因素对感知风险有负面影响。

H_{2b}：P2P住宿商业模式选择的住宿相关因素对感知风险有负面影响。

H_{3b}：P2P住宿商业模式选择的个人与房东因素对感知风险产生负面影响。

Ergolu 等（2003）通过实证研究对SOR模型进行了完善，指出互联网环境下影响消费者的内在因素包括感知结构，即感知风险和感知收益，进而影响消费者的趋近和规避行为。Chen和Chang（2012）在对绿色产品购买行为的研究中发现，感知风险负向影响行为意愿。Mclaren、Hyde 和 Whit（2012）在研究医学行为中发现感知风险直接负向影响行为意愿。赵冬梅等（2010）提出并验证了信任在直接影响消费者购买意愿的同时也会先受到感知风险的负面影响，再间接影响购买意愿。Jillian Martin 等（2015）也重新审视线上消费者的再次购物行为，通过模型分析，结果显示感知风险影响信任，再对网上购物意图起显著作用。由此，本书提出如下关系假设：

H_5：游客的感知风险对选择 P2P 住宿商业模式的意愿产生负面影响。

H_6：游客的感知风险对选择 P2P 住宿商业模式的信任产生负面影响。

Kim，Ferrin & Rao（2008）的研究显示，感知收益对购买意向产生正面积极影响，并将感知收益定义为消费者在网上交易中感知好处的增加程度。张汉鹏等（2013）通过对网购环境下消费者购买意愿模型的分析，表示电子商务环境下消费者的购买意愿同时受感知收益和感知风险的共同影响。由此，本书提出如下关系假设：

H_7：游客的感知收益对选择 P2P 住宿商业模式的意愿产生积极影响。

赵冬梅等（2010）验证了信任在直接影响消费者购买意愿的同时也会先通过感知风险的影响，再间接影响购买意愿。Martin 等（2015）也重新审视线上消费者的再次购物行为，通过模型分析，结果显示感知风险影响信任再对网上购物意图起作用。基于互联网交易的不确定性环境，消费者对风险预期比较重视，越来越多的学者进一步探究前置因素以信任为中介对感知风险的影响，并综合考虑信任和感知风险同时存在与消费者行为的关系。分享经济下的旅游 P2P 住宿，对于游客来说也是一个比较新鲜的商业模式，游客在对它的接触中建立了解和信任，从而达到降低感知风险的目的，进而影响选择使用意向。同时，信任在网络购物环境下，又是影响行为意向的主要因素之一，由此，本书提出如下关系假设：

H_8：游客的信任对 P2P 住宿商业模式的感知风险和行为意向有中介作用。

3.3　结构方程式和研究模型架构

根据前面对旅游业分享经济环境下的游客行为特点和对 P2P 住宿商业模式的分析，结合 ICT 理论、网络社会理论、破坏性创新理论、计划行为理论和 SOR 理论，建立了分享经济视角下旅游 P2P 住宿商业模式对酒店业的影响结构方程式和模型架构。

在结构方程的应用模型中，对于观察变量指标与潜变量之间的关系，包括以下三个矩阵方程式。其中方程式外生观测变量用 x 表示，内生观测变量用 y 表示，外生潜变量通常用 ξ 表示，内生潜变量通常用 η 表示，δ 表示外生观测变量 x 的误差，ε 表示内生观测变量 y 的误差。

$y=\Lambda_y \eta + \varepsilon$

$x=\Lambda_x \xi + \delta$

$\eta = B \eta + \Gamma \xi + \zeta$

Λ_x—外生观测变量与外生潜变量直接的关系，是外生观测变量在外生潜变量上的因子载荷矩阵；

Λ_y—内生观测变量与内生潜变量之间的关系，是内生观测变量在内生潜变量上的因子载荷矩阵；

B—路径系数，表示内生潜变量间的关系；

Γ—路径系数，表示外生潜变量对内生潜变量的影响；

ζ—结构方程的残差项，反映了在方程中未能被解释的部分。

在方程中验证调节变量是一个比较复杂的问题，调节变量是会影响两个变量关系的变量，当 X 与 Y 的关系会随着 M 的变动而改变，则 M 就叫作 X—Y 这个关系的调节变量。在验证的时候，本书采用 Ping（1995）调节检测的方法，以相乘项来验证调节变量。数学公式表达式如下：

$Y=b_0+b_1X+b_2M+b_3（X*M）+e$

用简单的模型来示范，如图 3-2 所示。

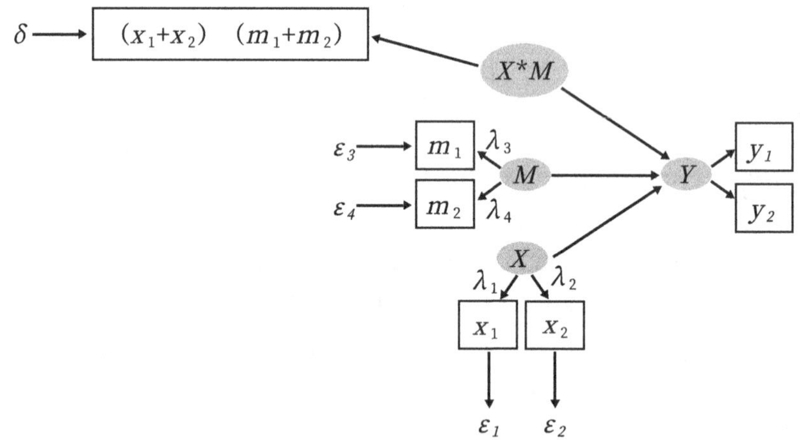

图 3-2　调节测验示范图

分享经济的产生与发展受到外部环境因素的影响非常重要，由于环境的变化与刺激，潜移默化地改变着消费者的行为决策。分享经济下的旅游 P2P 住宿商业模式的产生和发展无不体现着外部环境改变的重要作用。P2P 住宿商业模式的资源高效化、价格灵活化、业务全球化、产品独特化、服务个性化、微就业、重交流等特征，处处体现了科技进步、便利的支付平台、信息分享习惯养成等环境因素带来的变化。这种把环境属性通常作为外部刺激被确定为引起个体行为意向的前因变量，个人因刺激而作出的规避或趋近行为成为反应的结果与 SOR 理论观点非常吻合。并且 SOR 理论模型是从消费者的角度来研究行为决策，本书也是从游客的角度来研究 P2P 住宿对酒店业的影响，因此 SOR 理论应用与本书的视角是一致的。分享经济的互操作性、交流性正好体现在本书架构的渠道相关因素、住宿相关因素和个人与房东相关因素。分享经济的利用闲置资源、提高旅游产品的透明度、降低市场门槛、产品的多样化和创新满足游客的多元需求等方面都在 P2P 住宿商业模式上得到了体现和印证。

因此，本书在刺激 – 有机体 – 反应（SOR）的研究范式下，在分享经济的视角下对游客选择 P2P 住宿的刺激（S）、有机体（O）、反应（R）进行了维度的划分，分析顾客选择 P2P 住宿商业模式行为的影响因素，并提出相应的作用关系假设，根据研究假设构建本书架构图如图 3-3 所示。

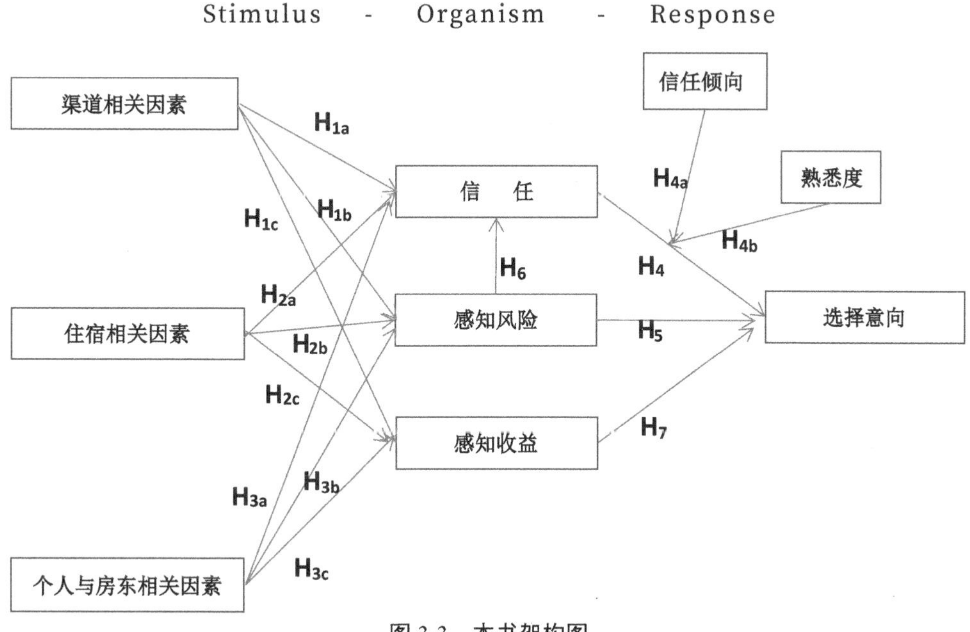

图 3-3　本书架构图

上述架构图就是基于对 P2P 住宿商业模式的刺激 – 有机体 – 反应（SOR）理论构建的模型，本书从 SOR 模型及计划行为理论的研究角度出发，结合 ICT 理论、网络社会理论和破坏性创新理论，在刺激 – 有机体 – 反应（SOR）的研究范式下，在总结现有研究的基础上，提出分享经济视角下旅游 P2P 住宿商业模式对传统酒店业影响的概念模型。

本书模型既存在调节变量，也存在中介变量，考虑到 P2P 住宿商业模式对传统酒店业的影响研究是基于竞争或替代角度，而非整合或甄别，因此本书模型的验证将以有调节的中介模型来考虑。后期的数据处理方法将会参考温忠麟（2012）提出的有调节的中介模型验证步骤。

3.4 研究工具的设计（量表）

3.4.1 变量分析与测量

调查问卷是本书开展研究的重要测量工具，它是把影响因素作用于模型中相关变量测量的一种复合表现形式。本书将在明确问卷设计思路的基础上，通过对现有研究文献的梳理，选取出各相关量表的初始题项，通过预测形式对量表进行调整和修订，以确定初始调查问卷。

1. 信任

本书信任变量的测量问卷主要参考 Gefen 等人（2003）、Sparks 和 Browning（2011）、Pappas（2017）的量表，最终依据 Pappas（2017）的信任量表生成本书量表。其信任量表中 Cronbach’s α 系数为 0.841，说明量表的稳定性和可靠性都很好。各个测量问题的因子负荷都达到了 0.8 以上，说明量表的效度也很好。综合以上研究，发展出本书的信任的问卷，并采用 Likert 五点尺度量表来作为问卷的测量方式，对于问项同意的程度分别为 1= 非常不同意；2= 不同意；3= 没有意见；4= 同意；5= 非常同意，衡量变量的题项均为正向题。

2. 感知风险

本书感知风险变量的测量问卷主要参考 Sanchez 等（2006）和 Pappas（2017）的感知风险量表，最终依据 Pappas（2017）的感知风险量表生成本书量表。其感知风险量表中 Cronbach’s α 系数为 0.83，说明量表的稳定性和可靠性都很好。各个测量问题的因子负荷都达到了 0.8 以上，说明量表的效度也很好。综合以上研究，发展出本书的感知风险的量表，并采用 Likert 五点尺度量表来作为问卷的测量方式，对于问项同意的程度分别为 1= 非常不同意；2= 不同意；3= 没有意见；4= 同意；5= 非常同意，衡量变量的题项均为正向题。

3. 感知收益

本书感知收益变量的测量问卷主要参考 Pappas（2017）的研究，他研究的是 P2P 住宿的复杂购买意向。其中感知收益量表中 Cronbach’s α 系数为 0.826，说明量表的稳定性和可靠性都是相当不错的。各个测量问题的因子负荷都达到了 0.8 以上，说明量表的效度也是完全可以接受的。综合以上研究，发展出本书的感知收益的量表，并采用 Likert 五点尺度量表来作为问卷的测量方式，对于问项同意的程度分别为 1= 非常不同意；2= 不同意；3= 没有意见；4= 同意；5= 非常同意，衡量变量的题项均为正向题。

4. 渠道相关因素

是在同一市场分销产品时，建立传统渠道和网络渠道的双渠道方式相关的因素。随着科学技术的发展和普遍应用，购买模式的多样化，越来越多的游客穿梭于不同的渠道下进行信息搜寻和购买活动。对渠道因素的测量参考王全胜等（2009）、王亚卓（2011）、李婧宁和武邦涛（2017）的研究，对渠道属性和在线平台进行综合研究，最终依据王亚卓（2011）的量表确定了本书的渠道相关因素包括五个子维度，分别是渠道易用性、安全性 / 隐私、回应性、履行性和视觉吸引。综合以上研究，发展出本书的渠道相关因素的量表，并采用 Likert 五点尺度量表来作为问卷的测量方式，对于问项同意的程度分别为 1= 非常不同意；2= 不同意；3= 没有意见；4= 同意；5= 非常同意，衡量变量的题项均为正向题。

5. 住宿相关因素

本书住宿相关因素变量的测量问卷主要参考 Ert 等（2016）的研究。其中住宿相关因素的量表中 Cronbach’s α 系数为 0.892，说明量表的稳定性和可靠性都是非常好的。各个测量问题的因子负荷都达到了 0.85 以上，说明量表的效度也很好。综合以上研究，发展出本书的住宿相关因素的量表，并采用 Likert 五点尺度量表来作为问卷的测量方式，对于问项同意的程度分别为 1= 非常不同意；2= 不同意；3= 没有意见；4= 同意；5= 非常同意，衡量变量的题项均为正向题。

6. 个人与房东相关因素

本书个人与房东相关因素变量的测量问卷主要参考 Gunasekaran 和 Anandkumar（2012）的研究，其研究的酒店替代住宿和 P2P 住宿对酒店的影响。其中个人与房东相关因素的量表中 Cronbach’s α 系数为 0.925，说明量表的稳定性和可靠性都是非常好的。各个测量问题的因子负荷都达到了 0.9 以上，说明量表的效度也很好。综合以上研究，发展出本书的住宿相关因素的量表，并采用 Likert 五点尺度量表来作为问卷的测量方式，对于问项同意的程度分别为 1= 非常不同意；2= 不同意；3= 没有意见；4= 同意；5= 非常同意，衡量变量的题项均为正向题。

7. 熟悉度

本书熟悉度的测量问卷主要参考 Möhlmann（2015）的研究。其中熟悉度量表中 Cronbach’s α 系数为 0.94，说明量表的稳定性和可靠性都是非常好的。各个测量问题的因子负荷都达到了 0.9 以上，说明量表的效度也非常好。综合以上研究，发展出本书的熟悉度的量表，并采用 Likert 五点尺度量表来作为问卷的测量方式，对于问项同意的程度分别为 1= 非常不同意；2= 不同意；3= 没有意见；4= 同意；5= 非常同意，衡量变量的题项均为正向题。

8. 信任倾向

本书信任倾向的测量问卷主要参考陈蕾（2016）对电子商务环境下信任研究中信任倾向的量表。其中因子负荷都达到了 0.8 以上，组合信度 CR 达到了 0.852，说明量表的稳定性和可靠性都是很好的。综合以上研究，发展出本书的信任倾向的量表，并采用 Likert 五点尺度量表来作为问卷的测量方式，对于问项同意的程度分别为 1= 非常不同意；2= 不同意；3= 没有意见；4= 同意；5= 非常同意，衡量变量的题项均为正向题。

9. 选择行为意向

本书游客 P2P 住宿商业模式的选择行为意向变量的测量问卷主要参考 Kim、Ferrin 和 Rao（2008）电子商务的消费者决策研究、信任和感知风险的作用和它们的影响因素；Pappas（2017）P2P 住宿购买意向的复杂研究和李敏华（2007）乡村旅游行为意向研究。综合以上研究，根据李敏华（2007）发展出本书的选择行为意向的问卷量表构面分别为重复购买、支付溢价和正向推荐三个测量构面进行评估，并采用 Likert 五点尺度量表来作为问卷的测量方式，对于问项同意的程度分别为 1= 非常不同意；2= 不同意；3= 没有意见；4= 同意；5= 非常同意，衡量变量的题项均为正向题。

3.4.2 问卷整体设计

本书问卷整体设计的思路为：首先，根据前文文献综述以及研究实际，设计出适应于本书模型的问卷。然后，对相关专家和专业人士进行深度访谈，以保证调查问卷各个指标的有效性，进而生成初始问卷。其次，对初始问卷进行小规模的预测试分析，检查初始问卷的信效度，对异议的题项和变量进行项目分析，根据以上结果最终生成正式问卷。

（1）问卷内容设计

对于分享经济视角下游客选择 P2P 住宿商业模式的研究，采用问卷调查的方式对游客选择行为意向影响因素进行调查。本书对所有的变量项的测量均采用多问项原则。所测得变量均根据已有的研究文献并结合游客 P2P 住宿商业模式选择的特点修改而成，调查项目主要是 Likert 量表和单项选择题。

问卷设计共包括三个部分，第一部分用于收集针对游客选择 P2P 住宿商业模式而不是传统酒店行为的测试内容，问题主要集中在受访者最近的 P2P 住宿上，以最大限度地减少混淆和回忆问题。为了衡量 P2P 住宿商业模式对酒店业的影响，一个调查项目询问了如果 P2P 住宿和其他类似服务不存在的情况下最有可能使用的住宿形式纳入了“其他”一词，以代表其他类似服务，这样可以明确研究范围，也消除干扰。这种测量替代的简单方法之前曾用于汽车分享研究，研究人员用卡方检验（即拟合优度）用于比较不同组别的替代偏好，并使用标准化的个体识别显著来区分组间差异（Field，2013）。为了确保游客是在酒店与 P2P 住宿之间的选择，并有过 P2P 住宿经验，本书依据 Lai（2019）的研究调查方法设立了两个过滤问题。为了更好地理解 P2P 住宿商业模式如何被视为破坏性的替代产品，针对酒店不同类型属性分为经济型酒店、中档酒店和高档酒店。对三个酒店类别与 P2P 住宿商业模式进行独立比较，以得到确定相对于哪一个产品发生了破坏（Christensen，2006），不同的酒店类别代表相对离散的产品。对破坏性创新概念的适用性的评估基于替代分析。因为破坏过程本质上是一种替代，所以 P2P 住宿作为给定酒店类别的一个子系统提供了一个过程发生的指示。由于 P2P 住宿在传统属性上的破坏性创新表现不突出，但却引入了新的价值主张，所以 P2P 住宿相对于酒店业与破坏性创新的概念是一致的。

第二部分的问题包括 9 个变量方面，对应本书架构 SOR 模型的 3 个主题：第一个方面是刺激的影响变量，即认知环境所能引起有机体刺激的渠道相关因素、住宿相关因素和个人与房东因素三个变量的测试，共 28 个问题；第二个方面是消费者内心活动阶段，即有机体阶段，包括信任、感知风险和感知收益 3

个变量的测试，还包括对信任与选择 P2P 住宿行为意向起到调节作用的信任倾向和熟悉度 2 个变量，共 17 个问题；第三个方面是消费者反应阶段，也就是顾客的购买阶段，包括游客选择行为意向变量的测试内容，共 3 个问题。此部分的量表内容全部为借鉴前人研究的成熟量表。这部分问卷参考 Likert 量表测试标准进行自主设计，以 5 分制来测试受调查人员对不同表述的赞同或反对程度（1= 强烈反对，5= 完全赞同）。本书选用 Likert 量表测试变量，这种方法可以得到被测试受访者的充足的数据，以便用于后续的数据处理和分析（Hinkin，1998）。Likert 量表通常分为 5 分制和 7 分制，提供更多的答案选项并不会增加回答的信度和效度，因为受调查的人们如果不能很好地区分出选项之间的细微差异，那么他们或许会随意回答，这样会导致结果无效（Clark & Waston，1995）。很多研究人员发现回答的信度从 1 分到 5 分逐渐递增，内容相对比较明确，因此本书采用 5 分制比较适合于收集所需信息。此外，Likert 量表测试标准广泛用于信任、感知风险、感知收益和行为意向（Pappas，2017），由于本书以分享经济 P2P 住宿的信任和选择行为意向为重点，因此采用 Likert 量表进行测试是非常适合的。

第三部分是收集一般性的人口特征信息，具体内容为：性别、年龄、收入、教育程度和出游人数等。

（2）深度访谈

问卷量表设计好了之后，为了保证调查问卷各指标的有效性，使受访者能够很好地理解各个测量问项，本书进行了深度访谈。从以往文献回顾的方式获取了相关变量的测量，从各测量题项中发现，不同专家学者针对不同变量维度，特别是在分享经济视角下的影响因素并没有统一标准，因此本书需要通过深度访谈的方式对上述变量的测量题项作进一步的调整和确认，从而提高测量的效度和信度。

①访谈目的

本书进行的深度访谈目的主要是以下几点：第一，了解受访者对 P2P 住宿商业模式的基本认知，从而为调查问卷设计和实证调研提供参考依据。第二，考察 P2P 住宿选择行为意向的自变量和潜变量分类是否科学，每个变量维度包含的具体属性是否全面合理。第三，考察受访者对游客 P2P 住宿购买行为上的各个测量指标的理解，是否能够涵盖研究的内容。第四，与受访者共同探讨从理论上得到的测量题项的合理性和科学性，考察各个测量题项是否具有歧义，表达是否清楚。第五，考察受访者对本书研究模型的整体设计及思路的理解，是否认为理论模型及其结构合理。

②深度访谈过程

本书的深度访谈是以口头形式根据被访者的回答搜集客观的、无偏见的事实数据，以期准确地说明样本所要代表的总体的方式。深度访谈法是相对比较灵活的，研究人员可以根据采访对象选择调查提问的方式、语气和用词。当面交谈方式易于形成友好的合作氛围，同时可以把研究目的、研究要求和研究问题解释得更加清楚，这样答案也就会更加准确。2018 年《中国分享经济发展报告 2018》指出，小猪、爱彼迎（Airbnb）、途家以及新入局的美团在分享经济房屋住宿方面都有不俗表现（国家信息中心课题组，2018）。在这个报告中，还把小猪短租作为分享经济房屋住宿平台的典型案例，并进行了分析。因此本书在选择分享经济视角下 P2P 住宿商业模式时，把小猪短租、途家、爱彼迎（Airbnb）、蚂蚁等平台作为了渠道相关因素研究的对象。本书的深度访谈是在 2018 年 1 月完成的。

本书邀请了 9 位研究电子商务旅游的专家学者（教授、副教授）、资深从业者和相关的博士研究生共同阅读并填写调查问卷，以上所有受邀请的人员均有购买在线旅游产品的经历，其中 7 位受访者有入住过 P2P 住宿的旅游经验，占总人数的 77%。本书采用半结构式访谈形式，提出访谈内容的大纲，由受访者自由发挥。

③访谈结果

通过电话或邮件联系约定好时间和地点，然后对每位受访者进行 1 小时左右的半结构式访谈，为了保障受访者的个人资料，本书将会以代码表示受访者的身份，受访者具体数据如表 3-1 所示。这些受邀的专家学者们都认真地回答了访谈的问题，并且他们大致都在 8 ～ 15 分钟之内完成了调查问卷的测量内容，符合量表对答题时间的要求。本书在与 9 位业界人士、专家、学者的访谈过程中，得出多个影响 P2P 住宿行为意向的因素与特征，根据受访者在接受访问过程中表述的关键词，本书将有关关键词进行了编码，如表 3-1 所示。

表 3-1　受访者数据

代号	职业	背景	年资	日期	方式
1	学者	河北某大学教授（工商管理）	21	2018.01.10	面谈
2	学者	河北某大学教授（旅游管理）	25	2018.01.15	面谈
3	旅游从业者	秦皇岛市某旅行社总经理	12	2018.01.11	面谈

（续表）

代号	职业	背景	年资	日期	方式
4	学者	北京某大学副教授（传媒）	11	2018.01.29	面谈
5	学者	质检总局某处经济师	35	2018.01.26	面谈
6	旅游从业者	秦皇岛市某五星级酒店总经理	15	2018.01.17	面谈
7	学生	澳门某大学旅游管理博士研究生	3	2018.01.2	面谈
8	通讯科技从业者	秦皇岛市某企业通信部主任	7	2018.01.22	面谈
9	学者	黄山某大学副教授（旅游管理）	10	2018.01.2	面谈

表 3-2　访谈中出现的关键词统计

关键词	出现频率	所占百分比
信任	9	100%
风险	9	100%
收益	7	78%
熟悉度	6	67%
信任倾向	5	56%
渠道因素 / 平台因素	8	89%
住宿因素	7	78%
与房东的关系	8	89%
年龄	6	67%
性别	5	56%

本书通过深度访谈所得出的结果，选取访谈中占绝大比例的关键词设计出 P2P 住宿行为意向影响因素的调查问卷。此外，受访者在阅读、作答设计出的调查问卷过程中也发现了一些小的问题，对个别测量问题的措辞提出了修改意见，本书根据受访者的建议对调查问卷进行了个别修改，确保调查问卷语义的准确性。具体的访谈结果体现在以下几个方面：

第一，对 P2P 住宿商业模式的基本认知。由于学历比较高，大部分是研究旅游的学者，熟悉计算机和手机网络 App 操作，具备丰富的旅游网络购物经验，

9 位受访者对于 P2P 住宿商业模式并不陌生，有的甚至还是资深的 P2P 住宿者，对 P2P 住宿的消费倾向已经超越酒店住宿。受访者普遍认为 P2P 住宿商业模式已成为大众在国内出游，特别是自由行的一种住宿选择。这显示出在中国，尤其是受过良好教育的游客，特别是千禧一代，已经习惯在网络上预订旅游产品，并对于新鲜的住宿模式感兴趣。

第二，从消费金额比较，P2P 住宿商业模式和酒店住宿存在着很大差距，特别是高端产品。有些游客特别是年轻人，他们只是对 P2P 住宿感兴趣，认为它是酒店住宿的一种补充或剩余选择。也就是说，在出游住宿时首选和常选的还是酒店住宿，而 P2P 住宿商业模式是次选的或者是偶尔尝试一下。同时认为由于消费金额存在差距，P2P 住宿更容易吸引低收入人群。但对于一些资深的网络消费者来说，由于 P2P 住宿产品在网上的售价会相对比较低，并且种类繁多，深受这类消费者喜爱，特别是女性。他们认为这种 P2P 住宿性价比高，体验与众不同，谈资也是滔滔不绝。但是，人们在旅游消费时也会有很多的顾虑。

第三，游客偏爱用网络方式进行大量信息搜寻行为，真正要作出购买决定会受到很多因素影响，原因也是非常复杂。随着网络平台和移动互联的普及，通过互联网搜索住宿信息会降低成本，而且快捷方便。绝大部分调查对象都会选择通过网络进行信息搜集，但是作出购买 P2P 住宿还是酒店住宿的决定时，会考虑比较多的因素。能够影响顾客作出购买决定的因素主要是以下几个方面：住宿产品的功能、网站平台的应用、能否产生信任等。

第四，对旅游 P2P 住宿选择影响因素以及构成维度的认知。本书作者在通过与受访者进行直接面对面交流，通过半结构式深度访谈的方式讨论影响选择旅游 P2P 住宿的因素。9 位被采访者认为信任和风险因素是主要的影响因素，7 位被采访者还认为求廉动机也是比较重要的因素，游客会看重收益，同时也受到情景因素、渠道因素和产品因素的共同作用。

第五，对调查问卷个别题项的建议。有学者认为个人与房东相关因素第三题“选择 P2P 住宿是因为我曾有不好的酒店住宿体验”，对此题合理性存在质疑。此量表来自 Gunasekaran 和 Anandkumar（2012）的研究，其研究的酒店替代住宿对酒店的影响，与本书的 P2P 住宿商业模式对酒店业的影响视角相同。其中个人与房东相关因素的量表中 Cronbach’s α 系数为 0.925，各个测量问题的因子负荷都达到了 0.9 以上，说明量表的信效度都很好。考虑到有些顾客由于宠物原因、自加工食品原因等实际问题对酒店住宿有过不同程度的差评体验，本题项予以保存。还有学者认为“感知风险”只体现在财务、产品、心理等方面，是否应考虑到人身安全。感知风险量表依据 Pappas（2017）的量表生成，其研究的是消费者对在线旅游产品购买的信任、收益、风险的影响，与本书的视角相同。其感知风险量表中 Cronbach’s α 系数为 0.83，各个测量问题的因子负荷都达到了 0.8 以上，说明量表的信效度良好。同时参考 Almousa（2011）对在线购物的感知风险多维视角研究中认为财务风险最为显著，其次是心理风险，最不显著的是身体风险。同时也有专家提出，在渠道相关因素中存在安全的维度，感知风险再提出安全性，可能会出现重复的情况。综合以上观点，没有把个人安全考虑到感知风险中，仍旧沿用了 Pappas（2017）的量表。有学者提出感知风险第四题“当预订 P2P 住宿时，我认为它的质量与酒店住宿产品相比更好”，此题合理性存在质疑。以上题项和变量都将在预测试中保留，然后针对以上变量和题项，增加项目分析，已确定题项的合理性。

（3）初始问卷预测试

对初始问卷进行小规模的预测试分析，检查初始问卷的信效度。一方面是检验前期调研的成果，另一方面是探讨与对比本书问卷的不足之处，用以修正问卷设计。对个人与房东相关因素和感知风险变量和题项，增加项目分析，用以确定题项的合理性。

（4）生成正式问卷

综合前文文献、深度访谈、预测试分析结果，最终生成正式问卷。

3.5 研究样本及抽样

本书研究为区域性研究，是以中国北戴河旅游度假区为案例进行的研究。在研究过程中，调查目的地的基本情况、样本的选取以及抽样设计都很重要。

3.5.1 调查目的地的基本情况

综合考虑到样本的纯度、样本区域的典型性和在线取样的解释能力和控制能力比较差三方面的原因，本次研究为区域性研究，仅针对特定区域范围内进行问卷调研。问卷的发放主要采取一对一的形式现场发放纸质问卷与网络问卷相结合的方式。这是由于分享经济有其自身的特点，最根本的是利用闲置资产，转让使用权。如果只是在线广泛地发放问卷，很多顾客容易混淆了各种概念，会把租赁经济的住宿考虑到问卷中，这将会使本次研究出现重大误差。与此同时，简单地在线发放问卷，样本不具有典型性，选择 P2P 住宿的也未必是游客，致使取样的解释能力和控制能力下降。

本书区域为北戴河旅游度假区，它濒临渤海湾，是中国河北省秦皇岛市的一个市辖区。北戴河是闻名中外的旅游度假胜地，面积为 70.3 平方千米，海岸线 22.5 千米，拥有海洋、森林、湿地三个主要的生态系统。清朝光绪年间，清政府就正式将北戴河开辟为“各国人士避暑地”。如今北戴河旅游度假区是中国著名四大别墅区之一，这里是中国规模最大的会议培训中心和离退休疗养院基地。本书选取北戴河地区作为调查目的地，不仅因为资料的可得性，更重要的在于该地区具有旅游分享经济与 P2P 住宿商业模式的优越性和典型意义。具体表现在如下几个方面：

（1）旅游资源

旅游资源一般来说包括自然旅游资源和人文旅游资源等。自然旅游资源体现在地貌、生物、气候和水资源等方面。北戴河旅游度假区是驰名中外的旅游休闲度假胜地，被称为中国旅游业发展的“摇篮”。20 世纪 20 年代，成为中国领导人和各国友人常年固定疗养地，被称为“东亚避暑地之冠”。这里气候宜人，古迹繁多，植被丰富，海水清澈，沙滩松软，1982 年被国务院公布为首批国家级重点风景名胜区。

（2）客源市场

北戴河旅游度假区地处环渤海中心地带，属于京津冀区，是继珠三角、长三角之后快速崛起的第三增长区，区位优势明显。京津冀及周边省份有 4 亿人口，三地私家车拥有量已超过 1000 万辆，市场广阔，潜力巨大。这一地区家庭规模变小、城市化进程加快，人们休闲旅游的动机比较明显。随着家庭可自由支配的收入和可自由支配的时间的增加，北戴河的旅游客源不断上升。

（3）交通情况

北戴河旅游度假区交通网络非常密集，硬件基础设施很好，高速公路的平均密度很大，高铁和动车到达北京和天津市均在 2 小时之内。交通运输业的发展，方便了旅游者的出行。

（4）闲置房屋

美国心理学家埃里希·弗洛姆把人的生活态度分为两类：占有和存在（胡慎之，2016）。在人们的生活中，大多数人都是以占有为态度的生命过程。近些年中国经济发展快速，特别是房地产市场的迅速升值，使部分人从购房中获得巨大财富。由于羊群效应，很多人都深信固定资产投资可以迅速增值，使得很多人对购房趋之若鹜。另一个原因是物价不断高涨，买房成了居民保值增值的方式之一（胡慎之，2016）。与此同时，北戴河旅游度假区的城市化进程非常快，使得这一地区出现了很多闲置房屋。居民手中出现的大量闲置房屋，正为旅游业分享经济的 P2P 住宿提供了丰富的房源。

（5）网络技术

北戴河旅游度假区地处“首都经济圈”辐射范围内，其发展也不可小觑，特别是网络技术和网络安全方面。距离不远的通州、大兴是国家级两大电子商务示范基地。作为首都经济圈的一部分，这里已经形成了云计算支撑、电子认证、在线支付、电子商务交易、物流配送、电子认证平台、信用平台等一体的完整产业链。成熟的网络技术为 P2P 住宿商业模式打下了坚实的基础，也为其发展提供了肥沃的土壤。

3.5.2 调查样本的选取

抽样调查是在调查对象总体中选择部分对象，目的是了解整体的调查对象，但是由于整体过于庞大，所以选择总体中的部分。选取调查样本是为了认识调查对象的全部特征。在社会科学研究中，有两种具体抽样方法可供选择：一个是概率抽样，另一个是非概率抽样。概率抽样的前提条件是随机对象的可能性一致，目标人群的每个成员都有被选中的可能性，也就是机会均等（Hair，Sarstedt，Ringle & Mena，2011）。如果需要从样本中推断出目标人群对问题的回答或者要实现既定目标，概率抽样与调查的研究策略关系密切（Saunders，2009）。非概率抽样所指的是由研究人员来决定哪些样本人员应该接受调查，哪些样本人员不用调查（Hair，Sarstedt，Ringle & Mena，2011）。研究人员认为某些人群可能比其他人群更容易选中，这是非概率抽样方法最主要的特点。由于研究人员已归纳出了参与调查问卷游客的特点，本书的目标样本是在北戴河旅游度假区选择入住 P2P 住宿而非酒店住宿的游客。

由于受一定条件的约束，本次研究运用的抽样方法为非随机抽样法。这一方面是为了确保样本的纯度。很多游客并不知道什么是分享经济，分享经济下的P2P 住宿与其他形式的住宿也常常被混淆，因此研究人员通过自己及身边的人脉网络联系到可以找到 P2P 住宿商业模式的房东，再通过提供 P2P 住宿的房东对游客发放问卷，进行有针对性的分析和调查。其次，不管是时间方面或是金钱方面，本书都不满足调查顾客抽样的概率随机条件。

非概率抽样法的种类有很多，本书采用滚雪球式抽样和立意抽样的方法进行研究，选择这两种抽样方式的主要原因是为了调查的游客样本具有代表性。本书滚雪球式抽样选取的这小部分人主要是北戴河地区为游客提供 P2P 住宿的房东和部分秦皇岛高校学生，由他们提供有过住宿 P2P 经验的游客和亲朋。使用滚雪球抽样方法会存在一个潜在问题，每一层问卷传播者在向下层受访者发放问卷时会倾向于发放给和自己特征类似的人，造成某一类特点的人群过度集中（Bryman，2008），即抽样人群不可能代表整个人群。因此本书决定辅助采用立意抽样以确保研究结果更加准确。立意抽样方法是依靠研究人员的经验判断，从目标人群中选出可以代表整个人群的适合受访者或填答者（Tashkori & Tedlie，2003）。本书对目标市场有着清晰的认识，可以找到有过 P2P 住宿经验的游客，因此相信这种抽样的结果将会十分有效。本书抽样调查时间为 2018 年暑假期间，在北戴河选择 5 个离旅游景点距离各不相同的小区，抽取周末和非周末各 5 天时间，寻找游客来进行问卷调查。

3.5.3 抽样设计

在本书的研究中，首先是对文献和理论进行梳理，参考和收集相关资料，然后得出评价和测试所需研究的变量和问题，并设计出调查问卷。为了保证研究的严谨性和准确性，调查问卷通过在线和线下调查的方式来收集。

（1）抽样时间

本书的目标人群是在中国北戴河地区选择入住 P2P 住宿商业模式的游客。调查问卷发放和收集的时间是 2018 年 7 月到 2018 年 8 月。

（2）抽样方法

统计学中的抽样是指从目标总体中抽取一部分个体作为样本，通过观察样本的一个或多个属性，依据所获得的数据，来估计判断总体的数量特征，从而达到对总体的认识。从事研究时，有两种抽样可供选择，一种是概率抽样，另一种是非概率抽样。

调查问卷采用现场发送的社会调查方法，问卷填写完毕后，立即返给调查人员。为了鼓励被调查人员的积极性，减少自我评分的误差，除了赠送纪念品之外，本书还采用了下列方法：首先在调查问卷发放之前，向被调查者说明本次调查的目的，即只作为学术研究而收取资料，鼓励被调查人员尽可能诚实、准确地回答问卷上的问题。其次在问卷的指导语部分，用显眼的字体向被调查者说明问卷为匿名调查，并承诺所填写的资料仅用于学术研究，不用于任何商业用途，同时对所有数据会严格保密。

（3）抽样数量

应用结构方程模型的方法是一种建立、估计和检验因果关系模型的方法，对于抽样的样本数量有一定的要求。结构方程模型样本数量最少应大于 100 才可以使用最大似然估计法（MLE）来估计结构方程（侯杰泰，2004），Bagozzi（1988）则认为除非取样极端困难，否则样本量不得小于 200 份。但是，如果样本数过大也容易造成系数膨胀，拟合度指标检验都出现拟合不佳的结果（侯杰泰，2004）。在最大似然法估计下，估计参数与样本数比值至少为 1/15 ～ 1/8（Jackson & Dennis，2003）。综合考虑一般社会科学研究可以容许样本与总体之间存在 1%～ 5%的抽样误差以及剔除废卷，样本数量需要达到 400~600 为最适宜。

3.6 预测试及分析

在进行大规模的调研前，需要对调查问卷进行小规模调研，也就是进行预测试，根据预测试的资料结果来修改调查问卷。对所设计的问卷进行初步测试，目的是检验调查问卷的信度和效度，并根据预调研的结果来修正正式量表，从而使研究能够更好地进行下去，并兼具准确性和适用性（陈希、刘佳杰、韩冬，2019）。

3.6.1 预测试的安排

为了确定最终正式调查问卷，本书对问卷作中等规模的游客试调查。试调查的目的是通过中等批量的样本收集研究假设中各变量的数据，对各变量资料进行分析处理，以便对调查问卷进行修改和提纯，并最终确定正式量表。本书预测试在 2018 年 4 月 4 日至 4 月 8 日“清明节”放假期间完成，利用假期游客数量充足，样本更有代表性的优势，选择北戴河地区发放调查问卷 72 份，回收有效问卷 64 份，回收率为 88.9%。本次预测试调查选取了北戴河地区提供 P2P 住宿的业主 19 家，分别对他们出租房屋的游客进行调查，这些 P2P 住宿房屋分布在北戴河不同的地区，到旅游景点的距离各不相同。预测试以面对面的形式进行书面的问卷调查，这样有助于让游客更好地理解问题，也便于交流。游客填写问卷调查后，会发给他们一个当地的纪念品。

3.6.2 预测试结果

（1）预测试中受访者的基本情况

接受本书预测试受访的游客中，其中男性所占比例为 48.4%，女性所占比例为 51.6%；年龄在 20 ～ 30 岁之间的比例为 57.8%，年龄在 30 ～ 40 岁之间的比例为 28.1%；教育程度为本科的比例为 45.3%，月收入达到 4000 ～ 6000 元的比例为 53.1%，出游住宿人数为 2 人的比例为 29.7%，出游住宿人数为 3 人的比例为 21.9%。

（2）预测试信度分析

信度是指研究要有较高稳定性和一致性的测量工具，即测量工具能够稳定可靠地测量所测的研究对象或变量。其主要作用是检验结果的一致性、一贯性、再现性和稳定性。问卷调查的信度分析包括内在信度分析和外在信度分析，分析方法也有很多种，目前最常用的是 Cronbach’s α 信度系数法和 CITC 法（陈胜可、刘荣，2010）。本次研究首先会分析信度来确定研究中通过问卷调查结果的可靠性。为了深入地了解问卷的可靠性和有效性，对信度进行检验，常用的方法是 Cronbach’s α 系数（吴明隆，1999），Cronbach’s α 可以衡量同一个概念下各题目的一致性，其中 0.6 是可以接受的最小信度值（Devellis & Earp，1991）。同时，还要结合 CITC（Corrected-Item Total Correlation，校正总项相关系数）的判断标准，Ebel 和 Fresbie（1991）给出的标准为：0.3 ～ 0.5 为可以接受；0.5 以上为优良；0.3 以下要删除（吴明隆，1999）。本书利用 SPSS 22.0 软件对预测试进行数据分析，具体结果如表 3-3 所示，并把所得结果与以上指标进行比较。

表 3-3　初始问卷的信度分析结果

变量名称	题项编号	CITC	删除此题项的 Cronbach' s α 系数	总 / 分量表的 Cronbach' s α 系数
信任	T1	0.475	0.736	0.754
	T2	0.713	0.600	
	T3	0.458	0.744	
	T4	0.565	0.688	
感知风险	PR1	0.421	0.745	0.751
	PR2	0.648	0.634	
	PR3	0.684	0.615	
	PR4	0.457	0.749	
感知收益	PB1	0.705	0.772	0.836
	PB2	0.647	0.829	
	PB3	0.755	0.716	
渠道相关因素	C1	0.550	0.885	0.891
	C2	0.521	0.886	
	C3	0.587	0.884	
	C4	0.474	0887	
	C5	0.452	0.888	
	C6	0.473	0.888	
	C7	0.482	0.891	
	C8	0.537	0.886	
	C9	0.451	0.888	
	C10	0.632	0.883	
	C11	0.524	0.886	
	C12	0.492	0.887	
	C13	0.514	0.886	
	C14	0.546	0.885	
	C15	0.425	0.889	
	C16	0.446	0.888	
	C17	0.520	0.885	
	C18	0.607	0.883	
	C19	0.528	0.886	
	C20	0.597	0.884	
	C21	0.591	0.890	
住宿相关因素	AM1	0.724	0.717	0.812
	AM2	0.638	0.760	
	AM3	0.760	0.700	
	AM4	0.417	0.645	

（续表）

变量名称	题项编号	CITC	删除此题项的 Cronbach' s α 系数	总 / 分量表的 Cronbach' s α 系数
个人与房东因素	GH1	0.426	0.624	0.659
	GH2	0.591	0.409	
	GH3	0.408	0.627	
熟悉度	F1	0.645	0.690	0.785
	F2	0.625	0.738	
	F3	0.643	0.706	
信任倾向	TRUP1	0.668	0.535	0.743
	TRUP2	0.538	0.700	
	TRUP3	0.526	0.708	
行为意向	BI1	0.549	0.651	0.731
	BI2	0.561	0.637	
	BI3	0.553	0.644	

数据来源：本书整理

如表 3-3 所示，除个人与房东因素，其余各项的 Cronbach' s α 系数都在 0.7 以上，尤其是感知收益、渠道相关因素和住宿相关因素的 Cronbach' s α 系数都在 0.8 以上，表示问卷的信度很好。CITC 检验中所有项目都在 0.3 以上，符合上文的判断标准。个人与房东因素的 Cronbach's α 系数为0.659，在0.6～0.7范围内，是勉强可以接受的范围，CITC检验值分别为0.426、0.591和0.408，CITC值并不高，但是暂时不考虑将其删除。因为该变量参考的量表是一个成熟量表，因此不能单独依靠信度指标来衡量，还要参考效度指标。如果效度检验后没有问题，那么可以保留题项，如果效度检验指标有问题，那么就选择删除题项。

（3）预测试效度分析

效度是指研究要有较高准确性的测量工具，即测量工具在多大程度上反映了想要测量的对象的真实含义。效度越高，即表示测量结果越能显示出所要测量对象的真正特征。Au 等人（2008）认为效度分析通常采用 EFA（Exploratory Factor Analysis，探索性因子分析）来评价问卷的效度，其中 KMO 值要大于 0.6，近似卡方值越大越好，显著性要小于 0.01。在本书的预测试中，应用 EFA 来检测效度。

①信任变量

对信任变量的预测试问卷进行 KMO 和 Bartlett' s 球形检验。从检测结果中显示出，该变量 KMO 值为 0.645，符合大于 0.6 的指标。Bartlett' s 球形检验的显著性为 0.000（<0.01，说明非常显著），近似卡方值为 69.184，自由度为 6，说明适合进行 EFA。进行 EFA 分析后所得的结果显示，该变量各个题项的载荷均高于 0.5，符合标准，可提取一个特征值大于 1 的因子，特征值为 2.312，总累计解释方差比例为 57.811%。由以上结果来判断，该量表的所有题项都是符合要求的，均可保留。

②感知风险

对感知风险的预测试问卷进行 KMO 和 Bartlett' s 球形检验。从检测结果中显示出，该变量 KMO 值为 0.678，符合大于 0.6 的指标。Bartlett' s 球形检验的显著性为 0.000（<0.01，说明非常显著），近似卡方值为 51.988，自由度为 6，说明适合进行 EFA。进行 EFA 分析后所得的结果显示，该变量各个题项的载荷均高于 0.5，符合标准。可提取一个特征值大于 1 的因子，特征值为 2.133，总累计解释方差比例为 53.323%。由以上结果来判断，该量表的所有题项都是符合要求的，均可保留。

③感知收益

对感知收益的预测试问卷进行 KMO 和 Bartlett' s 球形检验。从检测结果中显示出，该变量 KMO 值为 0.706，符合大于 0.6 的指标。Bartlett' s 球形检验的显著性为 0.000（<0.01，说明非常显著），近似卡方值为 77.054，自由度为 3，说明适合进行 EFA。进行 EFA 分析后所得的结果显示，该变量各个题项的载荷均高于 0.5，符合标准，可提取一个特征值大于 1 的因子，特征值为 2.273，总累计解释方差比例为 75.759%。由以上结果来判断，该量表的所有题项都是符合要求的，均可保留。

④渠道相关因素

对渠道相关因素的预测试问卷进行 KMO 和 Bartlett' s 球形检验。从检测结果中显示出，该变量 KMO 值为 0.709，符合大于 0.6 的指标。Bartlett' s 球形检验的显著性为 0.000（<0.01，说明非常显著），近似卡方值为 703.428，自由度为 210，说明适合进行 EFA。进行 EFA 分析后所得的结果显示，该变量各个题项的载荷均高于 0.5，符合标准，可提取 5 个特征值大于 1 的因子，特征值分别为 6.561、2.854、1.697、1.508 和 1.362，总累计解释方差比例为 66.579%。由以上结果来判断，该量表的所有题项都是符合要求的，均可保留。

⑤住宿相关因素

对住宿相关因素的预测试问卷进行 KMO 和 Bartlett’s 球形检验。从检测结果中显示出，该变量 KMO 值为 0.746，符合大于 0.6 的指标。Bartlett’s 球形检验的显著性为 0.000（<0.01，说明非常显著），近似卡方值为 98.702，自由度为 6，说明适合进行 EFA。进行 EFA 分析后所得的结果显示，该变量各个题项的载荷均高于 0.5，符合标准，可提取一个特征值大于 1 的因子，特征值为 2.583，总累计解释方差比例为 64.575%。由以上结果来判断，该量表的所有题项都是符合要求的，均可保留。

⑥个人与房东相关因素

对个人与房东相关因素的预测试问卷进行 KMO 和 Bartlett’s 球形检验。从检测结果中显示出，该变量 KMO 值为 0.602，基本符合大于 0.6 的指标。Bartlett’s 球形检验的显著性为 0.000（<0.05，说明非常显著），近似卡方值为 30.453，自由度为 3，说明适合进行 EFA。进行 EFA 分析后所得的结果显示，该变量各个题项的载荷均高于 0.5，符合标准，可提取一个特征值大于 1 的因子，特征值为 1.803，总累计解释方差比例为 60.109%。由以上结果来判断，该量表的所有题项都是符合要求的，均可保留。

⑦熟悉度

对熟悉度的预测试问卷进行 KMO 和 Bartlett’s 球形检验。从检测结果中显示出，该变量 KMO 值为 0.71，符合大于 0.6 的指标。Bartlett’s 球形检验的显著性为 0.000（<0.01，说明非常显著），近似卡方值为 56.185，自由度为 3，说明适合进行 EFA。进行 EFA 分析后所得的结果显示，该变量各个题项的载荷均高于 0.5，符合标准，可提取一个特征值大于 1 的因子，特征值为 2.134，总累计解释方差比例为 71.14%。由以上结果来判断，该量表的所有题项都是符合要求的，均可保留。

⑧信任倾向

对信任倾向的预测试问卷进行 KMO 和 Bartlett’s 球形检验。从检测结果中显示出，该变量 KMO 值为 0.642，符合大于 0.6 的指标。Bartlett’s 球形检验的显著性为 0.000（<0.01，说明非常显著），近似卡方值为 45.346，自由度为 3，说明适合进行 EFA。进行 EFA 分析后所得的结果显示，该变量各个题项的载荷均高于 0.5，符合标准，可提取一个特征值大于 1 的因子，特征值为 1.989，总累

计解释方差比例为 75.759%。由以上结果来判断，该量表的所有题项都是符合要求的，均可保留。

⑨行为意向

对行为意向的预测试问卷进行 KMO 和 Bartlett’s 球形检验。从检测结果中显示出，该变量 KMO 值为 0.685，符合大于 0.6 的指标。Bartlett’s 球形检验的显著性为 0.000（<0.01，说明非常显著），近似卡方值为 38.223，自由度为 3，说明适合进行 EFA。进行 EFA 分析后所得的结果显示，该变量各个题项的载荷均高于 0.5，符合标准，可提取一个特征值大于 1 的因子，特征值为 1.953，总累计解释方差比例为 65.089%。由以上结果来判断，该量表的所有题项都是符合要求的，均可保留。以上数据是对预测试的信度和效度的分析，对初始量表进行修改的依据，个别有异议的变量需要项目分析检验通过后，方可形成正式调查问卷。

（4）项目分析

在进行深度访谈时，部分专家和学者对个人与房东因素和感知风险量表的个别题项提出了异议，针对这些问题，本书增加了个人与房东因素和感知风险变量的项目分析，已确定题项的合理性。项目分析采取极端组法来完成，其具体操作步骤：第一，计算预测过程中个人与房东因素和感知风险量表受试者问卷的总分，并按照总分的高低进行排序，由于预测试的样本量低于 100，因此从中找出前 50% 的高分组（32 份样本）和后 50% 的低分组（32 份样本）；第二，采用独立样本 t 检验对两组受试者在每个题项进行检验分析；第三，根据吴明隆（2010）的观点进行判断，F 值显著的题项保留，F 值不显著的题项予以删除。得出结果为 GH3 题项的 Sig.（双侧）值为 0.100，t 值为 1.740；PR4 题项的 Sig.（双侧）值为 0.080，t 值为 2.727，其余各个题项的 Sig.（双侧）值均小于 0.05 的标准，t 值均大于 3。在项目分析的基础上，按照统计学的要求，对删除题项后个人与房东因素和感知风险量表的数据进行整体 KMO 和 Bartlett’s 球形检验。经检验，个人与房东因素和感知风险量表的 KMO 值均大于 0.7，且 Bartlett’s 球形检验均具有显著性。由此判断需要删除个人与房东因素量表的第三个题项和感知风险量表的第四个题项。

3.7 正式问卷生成

根据以上的预测试结果，结合之前的深度访谈，最终生成本书的正式量表。对初始量表进行了删除、修订内容、增加题项等修正，具体修改内容如下：

第一，删除题项。个人与房东相关因素的 Cronbach' s α 系数为 0.659，在 0.6 ～ 0.7 范围内，是勉强可以接受的范围，每个题项的 CITC 检验值分别为 0.426、0.591 和 0.408，CITC 值在 0.4 ～ 0.6 之间，也是勉强接受范围。但是个人与房东相关因素的第三题“GH3——选择 P2P 住宿是因为之前有不好的酒店住宿体验”，有学者认为此题项与研究题目和研究内容不符，而且通过项目分析结果显示，此题项没有达到显著，因此对此题项进行删除处理。感知风险的 Cronbach' s α 系数为 0.751，在 0.6 以上的范围内，是可以接受的范围，每个题项的 CITC 检验值分别为 0.426、0.648、0.684 和 0.457，CITC 值在 0.4 以上，也是可以接受的范围。但是感知风险的第四题“PR4——当预订 P2P 住宿时，我认为它的质量与酒店住宿产品相比更好”，有学者认为此题项与研究题目和研究内容不符，并且在语义上存在歧义，而且通过项目分析结果显示，此题项没有达到显著，因此对此题项进行删除处理。综合以上分析，删除题项为个人与房东相关因素变量的 GH3 题项和感知风险变量的 PR4 题项。

第二，修订题项内容。虽然个人与房东相关因素变量是参考了成熟量表，但是考虑到信度和效度的指标不高，提醒研究人员需要认真审视这些题项。为了使该变量表达的含义与本书期望测量的变量相符合，需要重新核对相关内容。经过再次审视和核对变量题项内容，本书将如下题项的内容进行修正：将题 GH1“房主的信誉影响我选择 P2P 住宿”修正为“房主信誉的好坏影响我对 P2P 住宿的选择”；将题项 GH2“P2P 住宿可以增进我与房主的密切关系”修正为“P2P 住宿可以增加我与当地居民的接触”。

第三，增加题项。根据导师和评委专家的指导，为了加强 P2P 住宿商业模式的影响研究，增加非测量量表题项：“下一次旅游，我可能会选择的入住方式（可能性或倾向性）”，可供选择的答案为“（1）个人对个人出租住宿（P2P 住宿）和（2）酒店住宿”。本题用以考察游客的选择行为及 P2P 住宿商业模式的回头率。

第四，修订提示语。为了便于受访者的理解，将篇首指导语的“主要在探讨分享经济视角下旅游 P2P 住宿商业模式发展的影响研究”修改成更加通俗易懂的

“主要在探讨分享经济视角下个人对个人出租住宿（P2P 住宿）发展的影响研究”。在预测试中，由于部分问卷填写时没有注意到“单项选择”提示，为解决这一问题，本书把“单项选择”的提示作了加黑处理，以便能够使受访者答题时更加注意，起到醒目的作用。经过以上四个方面的修正，生成了本书的正式问卷。

第4章 模型与假设检验

根据本书的研究目的与假设，运用 SPSS 22.0 与 AMOS 17.0 软件对正式量表进行了测试和检验；对人口特征与研究变量进行了分析；对整体模型进行检验，排除多重共线性问题，并验证各个变量之间的关系。在本书概念模型提出的基础上，利用 AMOS 17.0 软件对结构方程进行拟合度检验与分析，验证中介效应，检验调节效应，最终得出研究假设的检验结果。由于本书的假设中存在中介与调节假设，要依次进行验证，先验证中介效应，再对调节效应进行检验。

4.1 正式量表的测试

本书在进行大规模正式问卷调查前，制定了本书调查的程序和研究方法，并按照计划一步步进行调查和检验。

4.1.1 调研的对象

剔除出游期间没有住过 P2P 住宿和替代住宿不是酒店的样本。本书的调查问卷将首先设置两个筛选问题。第一个是询问受访者有没有在旅游过程中选择入住过 P2P 住宿，如果回答为“没有”则停止填写问卷，继续调查下一位受访者；如果回答“有”，则进行问卷其他内容的填写。第二个筛选问题是询问受访者如果不选择 P2P 住宿，是否会选择酒店（高档酒店、中档酒店和经济型酒店）。如果回答为“其他”则停止填写问卷，继续调查下一位受访者；如果回答为“高档酒店”“中档酒店”或“经济型酒店”中的一个，则进行调查问卷具体内容的填写。

4.1.2 样本的大小

当前学术界，学者们关于结构方程所需要的样本大小和数量一直没有统一。Aaderson 和 Gerbing（1998）认为结构方程样本数量 100 ～ 150 是最低的数量，否则误差偏大。吴明隆（2009）认为 SEM 分析的样本数量应该至少在 200 个为好。但是 Barrett（2007）认为如果结构方程样本数量过大，会造成模型的卡方值很难达到指针要求，最终导致模型拟合度低，模型失败。Nunkoo，Ratnkissoon 和 Gursoy 在 2013 年对大量的社会调查文献作了统计，其中有 74.2% 的旅游相关研究中应用的结构方程模型的样本数在 150 ～ 650 之间。本书在综合了之前学者们的观点和建议，考虑了本书调查问卷的实际情况后，对本书正式测试发放 800 份调查问卷。

4.1.3 问卷调查的方法

本书在进行北戴河度假区 P2P 住宿实地的调研中，采用了两种抽样方法，即立意抽样和滚雪球抽样方法。实际调研和发放问卷的形式采用网络问卷和纸质版问卷相结合。由于网络问卷能够克服传统调研方法的一些缺点，可以设置必答题，出现缺失值的情况比较少，因此具有精确性高、速度快、成本低的优势。同时，本书的 P2P 住宿商业模式游客的预订和购买几乎全部在网上进行，所以受访者对网络并不陌生，因此本书绝大部分问卷采用网络调研。所有在网络上发放的问卷都是以问卷星为平台，微信为发放媒介，并做了每个微信号（ID）只能答题一次的限制。同时本书也考虑少数人不习惯网络方式进行受访，因此采用了网络调研和实地调研相结合的方法进行研究。

4.1.4 具体的抽样调查过程

具体的抽样调查过程分为以下三个部分来进行：

第一部分使用有限滚雪球技术，向东北大学（秦皇岛分校）、燕山大学、河北科技师范学院、东北石油大学秦皇岛分校、秦皇岛职业技术学院、河北对外经贸职业学院共 6 所国内高校的 120 名在校大学生共发放问卷 200 份，请大学生在暑期放假期间将调查问卷带回家，由其父母或亲戚、朋友填写，调查时间为 2018 年 7 月至 8 月，回收问卷 146 份，回收率为 73%。

第二部分调查在 2018 年 7 月至 8 月间，使用有限滚雪球技术，选取北戴河地区为游客提供 P2P 住宿的房东 15 位，由他们提供有过 P2P 住宿经验的游客。每位房东与曾经的顾客联系，通过网络发放电子版问卷 250 份，共回收问卷 187 份，回收率为 74.8%。

第三部分调查是委托一些学旅游管理专业的大二学生在假期进行实地调研。在北戴河刘庄、崔各庄、鸽子窝、老虎石公园和联峰山公园附近的小区发放问卷，根据等距抽样原则，每隔两人发放问卷，这样可以提高样本的代表性。本书在进行抽样调查前均对学生进行了岗前培训，要求选择的受访者必须为游客，并为填写问卷的受访者准备了沙滩玩具作为小礼物。调查问卷采取现场扫码发放，现场答题，现场答题完成确认后领取礼物的方式。时间是 2018 年 8 月抽取周末和非周末各 5 天时间，从早上 10 点到晚上 8 点寻找游客来进行问卷调查，共发放问卷 300 份，回收问卷 264 份，回收率为 88%。

本书通过滚雪球和立意抽样一共发放问卷 800 份，回收问卷 597 份，总体回收率为 74.6%。回收的问卷不一定都符合要求，本书按照如下的原则对回收的问卷进行了筛选：（1）剔除网络调查问卷中回答时间过短的问卷，回答时间在 1 分钟之内的视为均不可能认真作答；（2）剔除没有填写完整的问卷，特别是纸质版问卷，有些问卷有大量缺失值和非单项选择回答；（3）剔除几乎划选同一选项的纸质版问卷；（4）剔除划选同一选项，且时间在 1 分半之内的电子版问卷。以上四种情况的问卷都视为问题问卷，予以剔除。经过筛选后，最终得到有效问卷为 497 份，有效率为 62.5%。

4.2 正式量表的检验

本书回收有效调查问卷为 497 份，本章节所有验证都是用这些有效问卷进行检验。首先进行描述性统计分析，然后是探索性因子分析和验证性因子分析检验，再次是信效度检验。本书使用 SPSS 22.0 和 AMOS 17.0 软件对数据进行具体分析。

4.2.1 描述性统计

本次研究共收集有效调查问卷 497 份，其中男性占比为 41.9%，女性占比为 58.1%。年龄在 20 ～ 30 岁的受访者占比为 39.8%，31 ～ 40 岁的受访者占比为 27.4%，60 岁以上的受访者只有 1.8%，可以看出选择 P2P 住宿的以年轻人居多，由此看来这种住宿主要以年轻人客户为主。2018 年 7 月中国日报网公布的小猪短租平台的数据显示，小猪房客的平均年龄为 28 岁，1995 年以后出生的房客占整体房客比例达 40%（匿名，2018）。以上报告与本书结果的年龄比例结果基本一致。月收入 2000 元以内占比为 24.1%，2000 ～ 4000 元占比为 18.3%，4000 ～ 6000 元的占比为 26%，其余的收入水平所占比例都在 15% 左右。旅游圈网站公布，2016 年度第一季度木鸟短租数据显示，使用该平台预定的房客月收入在 2500 元以下的“90 后”占比高达 48%（匿名，2016）。品牌营销将进一步布局大学生市场，为“95 后”和大学生群体提供富有创意的优质项目以及新奇有趣的住宿空间（匿名，2018）。以上报告与本书的收入水平结果也基本一致。教育程度为大学（大专和本科）的受访者高达 69.3%，研究生及以上的学历占比为 27.7%，由此看出选择 P2P 住宿的客户学历相对都比较高。出游住宿人数以 3 人或 4 人居多，占比分别为 42.3% 和 27.4%。如果没有 P2P 住宿，选择的住宿方式以经济型酒店居多，占比为 59.6%，由此分析出 P2P 住宿在市场中对经济型酒店的冲击比较大。在 P2P 住宿经验上，大部分受访者都是只有 1 次经验，占比为 66.8%，说明 P2P 住宿相对于其他住宿模式来说，属于新生事物，游客经验不足。同时研究也发现，有 5 次及以上 P2P 住宿经验的人占比 13.7%，由此分析出 P2P 住宿是有不少回头客的，同时也代表了部分人对这种住宿的认可。被调查者基本资料具体描述分析如表 4-1 所示。

表 4-1　被调查者基本资料描述分析表

属性	分类	人数	百分比 /%
性别	男	208	41.9
	女	289	58.1
年龄	20 ～ 30 岁	198	39.8
	31 ～ 40 岁	136	27.4
	41 ～ 50 岁	131	26.4
	51 ～ 60 岁	23	4.6
	60 岁以上	9	1.8
月收入	2000 元以内	120	24.1
	2001 ～ 4000 元	91	18.3
	4001 ～ 6000 元	129	26.0
	6001 ～ 8000 元	72	14.5
	8000 元以上	85	17.1
教育程度	高中及以下	15	3.0
	大学（大专和本科生）	344	69.3
	研究生及以上	138	27.7
出游住宿人数	1 人	45	9.1
	2 人	44	8.9
	3 人	210	42.3
	4 人	136	27.4
	5 人及以上	62	12.5

（续表）

属性	分类	人数	百分比 /%
没有 P2P 住宿，会选择哪种住宿形式	经济型酒店	296	59.6
	中档酒店	168	33.8
	高档酒店	33	6.6
平均多长时间会旅游一次	1 个月内	23	4.6
	1 个月至半年	86	17.3
	半年以上至 1 年	259	52.1
	1 年以上至 2 年	72	14.5
	2 年以上	57	11.5
有几次 P2P 住宿经验	1 次	332	66.8
	2 次	48	9.7
	3 次	38	7.6
	4 次	11	2.2
	5 次以上	68	13.7

数据来源：本书整理

4.2.2 探索性因子分析

用正式调研获得的 497 份数据在 Excel 表格里作随机抽样，Excel 表格随机抽样方法为新增加一列，在这一列中用函数 RAND 生成一个 0 ～ 1 的随机数字，然后根据这一列的数字从小到大对表格整体进行排序，并保存为新的数据文件。把新的数据文件中 497 份数据，分成 A（前 249 份样本）和 B（后 248 份样本）两批量表，A 批量表作探索性因子分析，B 批量表作验证性因子分析。首先检验各 KMO 值和 Bartlett’s 球形检验的卡方值，考察各个变量是否适合做探索性因子分析（EFA）。然后采用主成分分析方法和方差最大正交旋转，查看特征值、公共因子和因子载荷。提取特征根大于 1 的因子或根据维度提取因子数量来分析主成分，以特征值来抽取共同因子，并保留因子载荷在 0.5 以上的题项。

（1）渠道相关因素探索性因子分析

在进行渠道相关因素变量的因子分析之前，首先对 A 批正式样本的数据进行因子分析适应性检验，进行 KMO 和 Bartlett’s 球形检验。检测结果显示，该变量 KMO 值为 0.910，符合大于 0.6 的指标。Bartlett’s 球形检验的显著性为 0.000（<0.01，说明非常显著），近似卡方值为 5200.81，自由度为 36，说明适合进行 EFA。然后采用主成分分析法进行探索性因子检验，并用最大方差法对因子矩

阵进行正交旋转，渠道相关因素变量根据维度提取 5 个共同因子，累计贡献率为 85%。

因子载荷系数代表题项与因子之间的紧密程度，探索性因子分析旋转后看需要检验各个因子与题项因子载荷系数对应关系，它的取值范围 -1 ～ +1，绝对值越大，说明其与因子之间的紧密关系程度越高，通常该值以 0.5 作为标准，如果在 0.5 以上，则说明题项与因子之间的关系比较紧密（周俊，2018）。在作探索性因子分析时，出现两种情况，第一种是题项与因子对应关系出现混乱，第二种为某个题项与多个因子有较高的紧密程度。第一种题项与因子对应关系出现混乱，即完全不相关的几个题项同属于一个因子，此时逐个调整因子的个数，并做删除题项处理。其中 C11 和 C12 题项属于第一种情况，本书对以上的题项做了删除处理。第二种情况是某个题项与多个因子有较高的紧密程度，说明该题项与多个因子均有着紧密关系，对此类题项做了删除处理。其中 C21、C31 和 C42 题项属于第二种情况，本书对以上的题项做了删除处理。根据渠道相关因素变量的维度提取的 5 个因子特征值，特征值分别为 10.341、1.262、1.149、0.931 和 0.722，累计贡献率为 85%。5 个特征值分别代表五个维度，用 C1、C2、C3、C4 和 C5 来表示，代表渠道的易用性、安全性（隐私）、影响性、履行性和视觉吸引五个维度，最后的结果如表 4-2 所示。

表 4-2　渠道相关因素探索性因子分析

C	Component				
	C1	C2	C3	C4	C5
C13	0.777				
C14	0.774				
C15	0.713				
C22		0.739			
C23		0.710			
C24		0.770			
C32			0.835		
C33			0.823		
C41				0.827	
C43				0.768	

（续表）

C	Component				
	C1	C2	C3	C4	C5
C44				0.816	
C51					0.854
C52					0.872
C53					0.855
C54					0.856
C55					0.847

注：C 表示渠道相关因素变量；C11 ～ C55 表示测量渠道相关因素变量的题项。

（2）住宿相关因素探索性因子分析

在进行住宿相关因素变量的因子分析之前，首先对 A 批正式样本的数据进行因子分析适应性检验，进行 KMO 和 Bartlett’ s 球形检验。检测结果显示，该变量 KMO 值为 0.871，符合大于 0.6 的指标。Bartlett’ s 球形检验的显著性为 0.000（<0.01，说明非常显著），近似卡方值为 2404.8，自由度为 6，说明适合进行 EFA。然后采用主成分分析法进行探索性因子检验，并用最大方差法对因子矩阵进行正交旋转，住宿相关因素变量可以提取 1 个共同因子，累计贡献率为 88.99%，详情如表 4-3 所示。

表 4-3 住宿相关因素探索性因子分析

AM	Component
	1
AM1	0.953
AM2	0.948
AM3	0.942
AM4	0.930

注：AM 表示住宿相关因素变量，AM1 ～ AM4 表示测量住宿相关因素变量的不同题项。

（3）个人与房东相关因素探索性因子分析

在进行个人与房东因素变量的因子分析之前，首先对 A 批正式样本的数据进行因子分析适应性检验，进行 KMO 和 Bartlett’ s 球形检验。检测结果显示，该变量 KMO 值为 0.705，符合大于 0.6 的指标。Bartlett’ s 球形检验的显著性为 0.000（<0.01，说明非常显著），近似卡方值为 383.7，自由度为 1，说明适合进行 EFA。然后采用主成分分析法进行探索性因子检验，并用最大方差法对因子矩

阵进行正交旋转，个人与房东变量可以提取 1 个共同因子，累计贡献率为 85%，如表 4-4 所示。

表 4-4　个人与房东相关因素探索性因子分析

GH	Component
	1
GH1	0.923
GH2	0.894

注：GH 表示个人与房东相关因素变量，GH1 ～ GH2 表示测量个人与房东相关因素变量的不同题项。

（4）信任探索性因子分析

在进行信任变量的因子分析之前，首先对 A 批正式样本的数据进行因子分析适应性检验，进行 KMO 和 Bartlett’ s 球形检验。检测结果显示，该变量 KMO 值为 0.861，符合大于 0.6 的指标。Bartlett’ s 球形检验的显著性为 0.000（<0.01，说明非常显著），近似卡方值为 2593，自由度为 6，说明适合进行 EFA。然后采用主成分分析法进行探索性因子检验，并用最大方差法对因子矩阵进行正交旋转，信任变量可以提取 1 个共同因子，累计贡献率为 90.2%，如表 4-5 所示。

表 4-5　信任探索性因子分析

T	Component
	1
T1	0.953
T2	0.952
T3	0.950
T4	0.945

注：T 表示信任变量，T1 ～ T4 表示测量信任变量的不同题项。

（5）感知风险探索性因子分析

在进行感知风险变量的因子分析之前，首先对 A 批正式样本的数据进行因子分析适应性检验，进行 KMO 和 Bartlett’ s 球形检验。检测结果显示，该变量 KMO 值为 0.684，符合大于 0.6 的指标。Bartlett’ s 球形检验的显著性为 0.000（<0.01，说明非常显著），近似卡方值为 542，自由度为 3，说明适合进行 EFA。然后采用主成分分析法进行探索性因子检验，并用最大方差法对因子矩阵进行正交旋转，感知风险变量可以提取 1 个共同因子，累计贡献率为 72%，如表 4-6 所示。

表 4-6 感知风险探索性因子分析

PR	Component
	1
PR1	0.909
PR2	0.788
PR3	0.845

注：PR 表示感知风险变量，PR1 ～ PR3 表示测量感知风险变量的不同题项。

（6）感知收益探索性因子分析

在进行感知收益变量的因子分析之前，首先对 A 批正式样本的数据进行因子分析适应性检验，进行 KMO 和 Bartlett’s 球形检验。检测结果显示，该变量 KMO 值为 0.757，符合大于 0.6 的指标。Bartlett’s 球形检验的显著性为 0.000（<0.01，说明非常显著），近似卡方值为 1111.9，自由度为 3，说明适合进行 EFA。然后采用主成分分析法进行探索性因子检验，并用最大方差法对因子矩阵进行正交旋转，感知风险变量可以提取 1 个共同因子，累计贡献率为 85.4%，如表 4-7 所示。

表 4-7 感知收益探索性因子分析

PB	Component
	1
PB1	0.933
PB2	0.921
PB3	0.918

注：PB 表示感知收益变量，PB1 ～ PB3 表示测量感知收益变量的不同题项。

（7）信任倾向探索性因子分析

在进行信任倾向变量的因子分析之前，首先对 A 批正式样本的数据进行因子分析适应性检验，进行 KMO 和 Bartlett’s 球形检验。检测结果显示，该变量 KMO 值为 0.749，符合大于 0.6 的指标。Bartlett’s 球形检验的显著性为 0.000（<0.01，说明非常显著），近似卡方值为 945，自由度为 3，说明适合进行 EFA。然后采用主成分分析法进行探索性因子检验，并用最大方差法对因子矩阵进行正交旋转，信任倾向变量可以提取 1 个共同因子，累计贡献率为 82.6%，如表 4-8 所示。

表 4-8　信任倾向探索性因子分析

TRUP	Component
	1
TRUP1	0.918
TRUP2	0.907
TRUP3	0.902

注：TRUP 表示信任倾向变量，TRUP1 ～ TRUP3 表示测量信任倾向的不同题项。

（8）熟悉度探索性因子分析

在进行熟悉度变量的因子分析之前，首先对 A 批正式样本的数据进行因子分析适应性检验，进行 KMO 和 Bartlett’ s 球形检验。检测结果显示，该变量 KMO 值为 0.745，符合大于 0.6 的指标。Bartlett’ s 球形检验的显著性为 0.000（<0.01，说明非常显著），近似卡方值为 1199，自由度为 3，说明适合进行 EFA。然后采用主成分分析法进行探索性因子检验，并用最大方差法对因子矩阵进行正交旋转，熟悉度变量可以提取 1 个共同因子，累计贡献率为 86.2%，如表 4-9 所示。

表 4-9　熟悉度探索性因子分析

F	Component
	1
F1	0.947
F2	0.928
F3	0.910

注：F 表示熟悉度变量，F1 ～ F3 表示测量熟悉度变量的不同题项。

（9）选择行为意向探索性因子分析

在进行选择行为意向变量的因子分析之前，首先对 A 批正式样本的数据进行因子分析适应性检验，进行 KMO 和 Bartlett’ s 球形检验。检测结果显示，该变量 KMO 值为 0.745，符合大于 0.6 的指标。Bartlett’ s 球形检验的显著性为 0.000（<0.01，说明非常显著），近似卡方值为 881，自由度为 3，说明适合进行 EFA。然后采用主成分分析法进行探索性因子检验，并用最大方差法对因子矩阵进行正交旋转，选择行为意向变量可以提取 1 个共同因子，累计贡献率为 81.38%，如表 4-10 所示。

表 4-10 选择行为意向探索性因子分析

BI	Component
	1
BI11	0.909
BI12	0.907
BI13	0.890

注：BI 表示选择行为意向变量，BI11 ～ BI13 表示测量选择行为意向的不同题项。

4.2.3 验证性因子分析

本书为了进一步验证问卷的有效性，并为结构方程分析打好基础，应用 AMOS 17.0 软件对各个变量进行了验证性因子分析（CFA）。用正式调研获得的 497 份数据在 Excel 表格里做随机抽样，分成 A 和 B 两批量表，A 批量表做探索性因子分析，B 批量表做验证性因子分析。对正式量表中随机抽到的 B 批量表（248 份样本）进行验证性因子分析。在结构方程进行数据处理的时候，必须要解决的重要问题就是拟合度问题。所谓拟合度是指假设模型与观察数据之间的一致性程度。如果拟合度良好，则搜集到的数据可以支持该研究提出的假设，若拟合度未达到标准，表示假设模式必须要进行修正。拟合度的衡量分为三种类型的指标：绝对拟合度指标、增量拟合度指标和简效拟合度指标。具体的拟合度指标如表 4-11 所示。

表 4-11 结构方程拟合度指标

指标名称	理想值	模拟情况判断
绝对拟合度指标		
x^2	以估计后不达显著水平（$p>0.05$）为判断标准	
GFI 拟合度指标	>0.8	值在 0 至 1 之间，拟合理想数值在 0.90 以上最好
AGFI 修正拟合度指标	>0.8	值在 0 至 1 之间，拟合理想数值在 0.80 以上最好
RMSEA 均方和平方根	<0.08	小于 0.05 认为模型拟合度较好；在 0.05 ～ 0.08 之间表示模型可以接受
增量拟合度指标		
NFI 相对拟合指标	>0.9	等于 1 表示拟合度最好，等于 0 表示拟合度最差
CFI 比较拟合指标	>0.9	等于 1 表示拟合度最好，等于 0 表示拟合度最差
IFI 增值拟合指标	>0.9	等于 1 表示拟合度最好，等于 0 表示拟合度最差

续表

指标名称	理想值	模拟情况判断
简效拟合度指标		
PNFI 简效拟合指标	>0.5	数值介于耦合 1 之间。值越大表示模型越简效，大于 0.5 为模型可接受的标准
PGFI 精简拟合度指标	>0.5	数值介于耦合 1 之间。值越大表示模型越简效，大于 0.5 为模型可接受的标准

本书运用结构方程 AMOS 17.0 软件进行验证性因子分析（CFA），各个变量具体的分析结果如下：

（1）渠道相关因素

渠道相关因素是把 16 个题项作为观察变量，把 5 个因子作为潜在变量，可以构造一个 CFA 检验模型，从表 4-12 可评价这个二维结构模型的拟合优度。

表 4-12　渠道相关因素测度模型拟合指针

拟合指标	指标标准	测量结果
x^2/df	<5	3.252
GFI	>0.8	0.956
AGFI	>0.8	0.918
RMSEA	<0.08	0.062
NFI	>0.9	0.979
CFI	>0.9	0.984
IFI	>0.9	0.984
PNFI	>0.5	0.831
PGFI	>0.5	0.638

由以上测量结果可以得出渠道相关因素拟合的效度较高且模型简约，CFA 检验显示 5 个维度具有较好的建构效度。可以利用 AMOS17.0 运算出渠道相关因素的标准化因子载荷，其标准化因子载荷均大于 0.5 的临界值且显著，由此可判定量表具有较好的收敛效度。具体内容如图 4-1 所示。

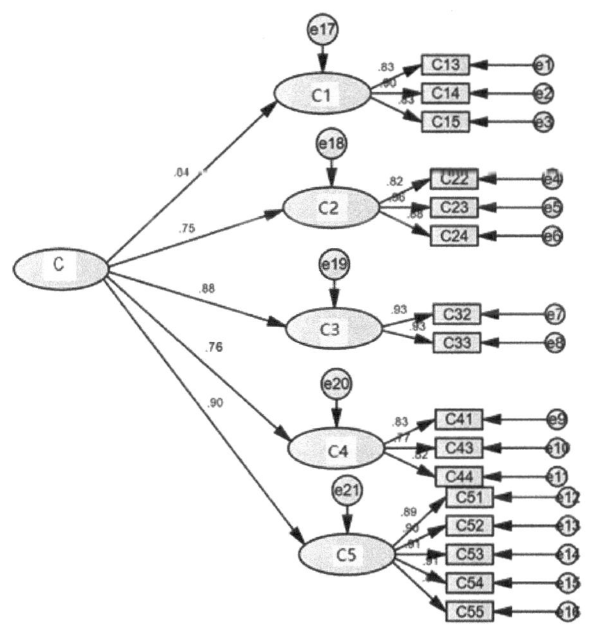

图 4-1　渠道相关因素因子结果模型图

注：C 表示渠道相关因素变量；C11 ～ C55 表示测量渠道相关因素变量的题项。

（2）住宿相关因素

住宿相关因素在进行探索性因子分析时提取 1 个特征值，所以此变量是一维结构。在进行验证性因子分析时，模型的自由度为 0，卡方值为 0，由此判断此模型拟合度高，是饱和模型。从各个题项的总体相关系数可以看出，各题项因子载荷系数均大于 0.6，说明题项与变量的相关性较高，具体如图 4-2 所示。

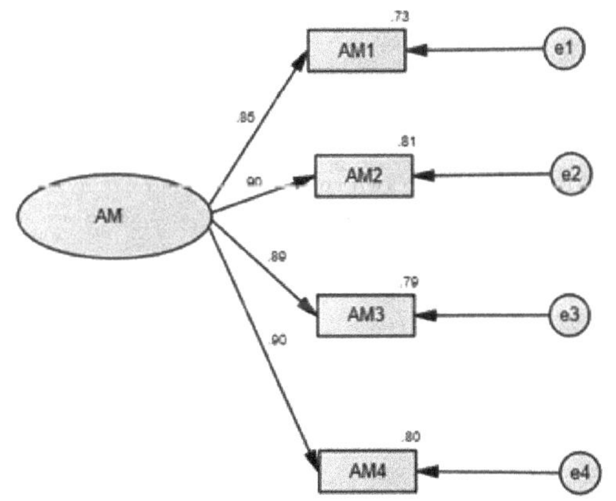

图 4-2　住宿相关因素因子结构模型图

注：AM 表示住宿相关因素变量，AM1 ～ AM4 表示测量住宿相关因素变量的不同题项。

（3）个人与房东相关因素

个人与房东相关因素在进行探索性因子分析时提取 1 个特征值，所以此变量是一维结构。在进行验证性因子分析时，模型的自由度为 0，卡方值为 0，由此判断此模型拟合度高，是饱和模型。从各个题项的总体相关系数可以看出，各题项因子载荷系数均大于 0.6，说明题项与变量的相关性较高，具体如图 4-3 所示。

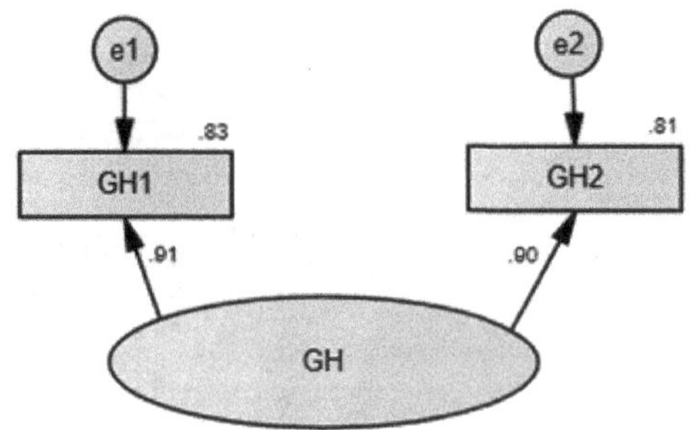

图 4-3　个人与房东因子结构模型图

注：GH 表示个人与房东相关因素变量，GH1 ～ GH2 表示测量个人与房东相关因素变量的不同题项。

（4）信任

信任在进行探索性因子分析时提取 1 个特征值，所以此变量是一维结构。在进行验证性因子分析时，模型的自由度为 0，卡方值为 0，由此判断此模型拟合度高，是饱和模型。从各个题项的总体相关系数可以看出，各题项因子载荷系数均大于 0.6，说明题项与变量的相关性较高，具体如图 4-4 所示。

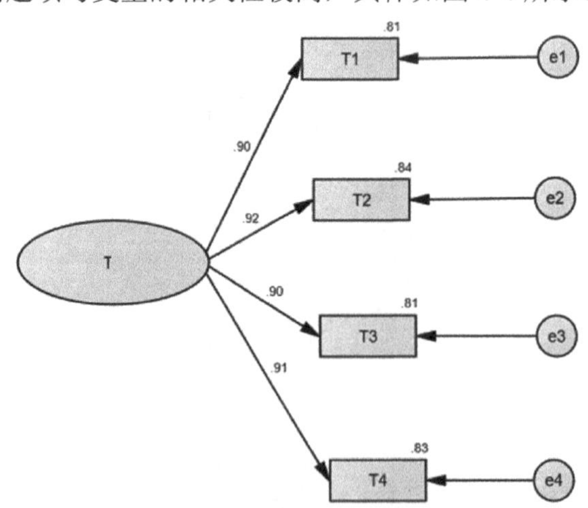

图 4-4　信任结构模型图

注：T 表示信任变量，T1 ～ T4 表示测量信任变量的不同题项。

（5）感知风险

感知风险在进行探索性因子分析时提取 1 个特征值，所以此变量是一维结构。在进行验证性因子分析时，模型的自由度为 0，卡方值为 0，由此判断此模型拟合度高，是饱和模型。从各个题项的总体相关系数可以看出，各题项因子载荷系数均大于 0.6，说明题项与变量的相关性较高，具体如图 4-5 所示。

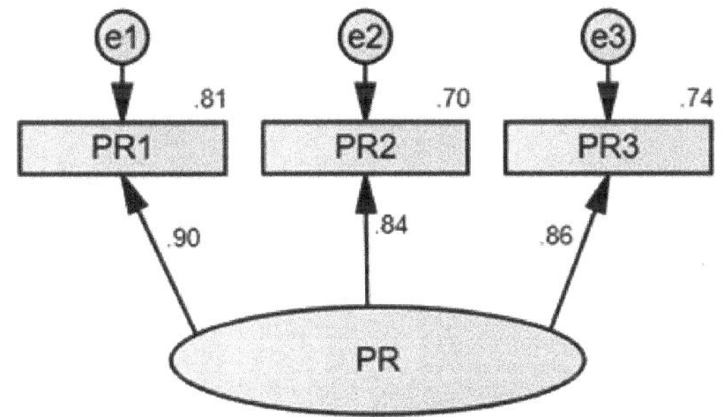

图 4-5 感知风险结构模型图

注：PR 表示感知风险变量，PR1 ～ PR3 表示测量感知风险变量的不同题项。

（6）感知收益

感知收益在进行探索性因子分析时提取 1 个特征值，所以此变量是一维结构。在进行验证性因子分析时，模型的自由度为 0，卡方值为 0，由此判断此模型拟合度高，是饱和模型。从各个题项的总体相关系数可以看出，各题项因子载荷系数均大于 0.6，说明题项与变量的相关性较高，具体如图 4-6 所示。

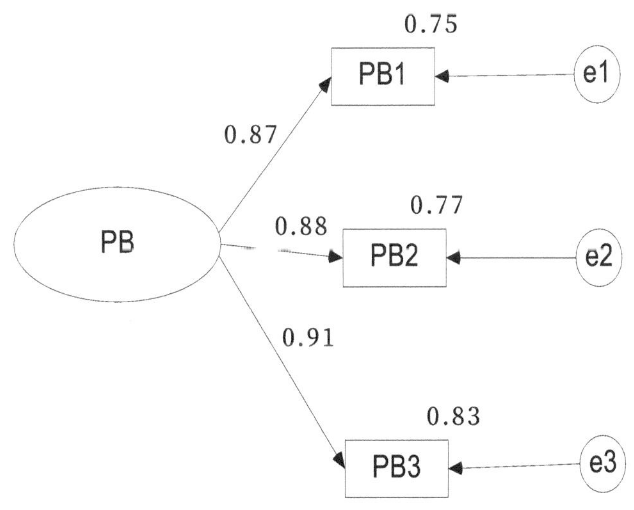

图 4-6 感知收益结构模型图

注：PB 表示感知收益变量，PB1 ～ PB3 表示测量感知收益变量的不同题项。

（7）熟悉度

熟悉度在进行探索性因子分析时提取 1 个特征值，所以此变量是一维结构。在进行验证性因子分析时，模型的自由度为 0，卡方值为 0，由此判断此模型拟合度高，是饱和模型。从各个题项的总体相关系数可以看出，各题项因子载荷系数均大于 0.6，说明题项与变量的相关性较高，具体如图 4-7 所示。

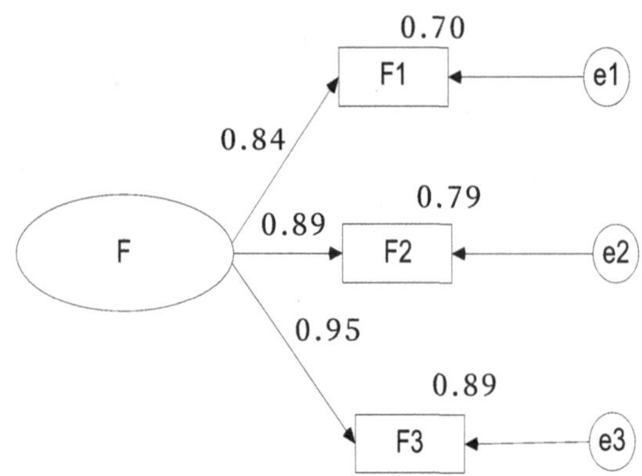

图 4-7　熟悉度结构模型图

注：F 表示熟悉度变量，F1 ～ F3 表示测量熟悉度变量的不同题项。

（8）信任倾向

信任倾向在进行探索性因子分析时提取 1 个特征值，所以此变量是一维结构。在进行验证性因子分析时，模型的自由度为 0，卡方值为 0，由此判断此模型拟合度高，是饱和模型。从各个题项的总体相关系数可以看出，各题项因子载荷系数均大于 0.6，说明题项与变量的相关性较高，具体如图 4-8 所示。

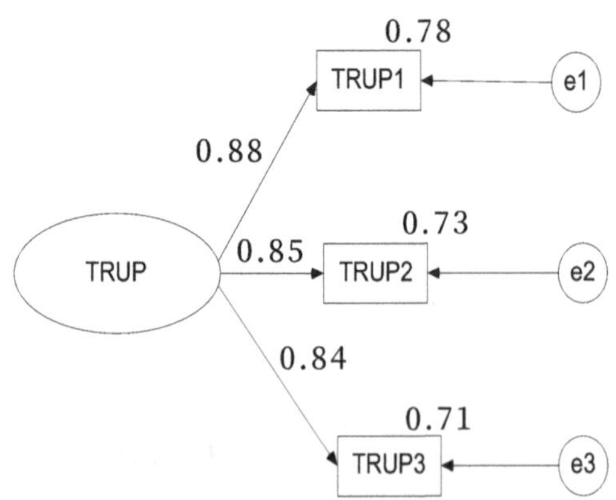

图 4-8　信任倾向结构模型图

注：TRUP 表示信任倾向变量，TRUP1 ～ TRUP3 表示测量信任倾向变量的不同题项。

（9）行为意向

行为意向在进行探索性因子分析时提取 1 个特征值，所以此变量是一维结构。在进行验证性因子分析时，模型的自由度为 0，卡方值为 0，由此判断此模型拟合度高，是饱和模型。从各个题项的总体相关系数可以看出，各题项因子载荷系数均大于 0.6，说明题项与变量的相关性较高，具体如图 4-9 所示。

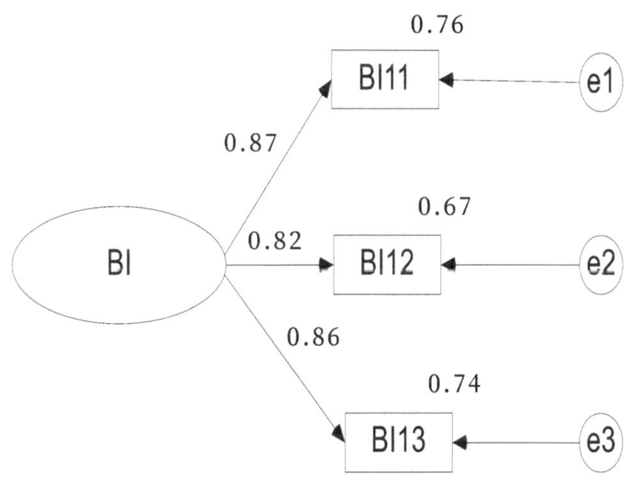

图 4-9　行为意向结构模型图

注：BI 表示选择行为意向变量，BI11 ～ BI13 表示测量选择行为意向的不同题项。

4.2.4　信效度分析

（1）信度分析

信度是指测量工具的稳定性和一致性，即测量工具能够稳定可靠地测量所测的研究对象或变量。本书用 Cronbach's α 系数检验各量表及量表内维度的信度，由表 4-13 可以看出各个变量的 Cronbach's α 值均满足大于 0.8 的严格标准，因此该正式量表具有较高的信度。

表 4-13　正式量表各变量信度分析结果

变量名称	*N*	项目数	Cronbach's α 值
渠道相关因素 C	497	16	0.982
住宿相关因素 AM	497	4	0.959
个人与房东因素 GH	497	2	0.862
信任 T	497	4	0.964

（续表）

变量名称	*N*	项目数	Cronbach' s α 值
感知风险 PR	497	3	0.886
感知收益 PB	497	3	0.914
信任倾向 TRUP	497	3	0.895
熟悉度 F	497	3	0.919
选择意向 BI	497	3	0.996

（2）效度分析

效度是指测量工具的准确性，即测量工具在多大程度上反映了想要测量的对象的真实含义。效度越高，即表示测量结果越能显示出所要测量的对象的真正特征。本书用正式调研获得的 497 份资料进行检验，首先用 Excel 随机分成 A 和 B 两个样本，然后对 A 批样本各个研究变量进行探索性因子分析，对 B 批样本各个研究变量进行验证性因子分析。检验各 KMO 值和 Bartlett' s 球形检验的卡方值，经检验各个变量的 KMO 值都大于 0.6，各个变量的 Bartlett' s 球形检验都达到了显著（<0.05），再采用主成分分析方法和方差最大正交旋转，提取特征根大于 1 的因子，保留因子载荷在 0.5 上的题项。通过前面探索性因子分析可以看出，所有变量的效度显示均达到了标准，因此该正式量表具有较高的结构效度。

收敛效度是指运用不同测量方法测定同一特征时测量结果的相似程度。本书采用信度组合 CR 和平均方差萃取量（AVE）进行检验，信度组合 CR 要符合 0.7 以上的要求，平均方差萃取量（AVE）需要大于标准值 0.5（Anderson & Gerbing，1988）。表 4-14 收敛效度分析显示各个变量的对应的信度组合 CR 和平均方差萃取量（AVE）值都达到了标准值，表明各变量之间具有良好的收敛效度。

表 4-14　收敛效度分析

变量	CR	AVE
C	0.916	0.686
AM	0.935	0.784

（续表）

变量	CR	AVE
GH	0.901	0.819
T	0.949	0.824
PR	0.901	0.752
PB	0.917	0.786
F	0.923	0.800
TRUP	0.895	0.740
BI	0.887	0.723

注：C 表示渠道相关因素；AM 表示住宿相关因素；GH 表示个人与房东相关因素；T 表示信任；PR 表示感知风险；PB 表示感知收益；F 表示熟悉度；TRUP 表示信任倾向；BI 表示行为意向；CR 表示信度组合；AVE 表示平均方差萃取量值。

区别效度是指不同变量所代表的潜在特质低相关性或存在差异，不同变量在测量时不应该具有高度相关性，如果两个变量高度相关即表明这两个变量下的题项事实上是在测量同一个潜变量。本书采用应用较为普及的平均方差萃取量（AVE）法检验区别效度，利用 Amos 17.0 软件估算变量间的相关系数，再将各相关系数计算平方值，将所得值与上一步中的 AVE 值进行比较。如果 AVE 值大于相关系数的平方，则表明存在区别效度（Fornell & Larcker，1981）。表 4-15 中，各变量对应的对角线的值是该变量的 AVE 值，对角线外下三角区域是标准化相关系数的平方值。结果表明，各变量之间的相关系数的平方值均小于对应的 AVE 值。研究表明各变量之间具有良好的区别效度，为进一步进行结构模型分析奠定了基础。

表 4-15　AVE 区别效度分析

	C	AM	GH	T	PR	PB	F	TRUP	BI
C	0.706								
AM	0.486	0.579							
GH	0.346	0.342	0.669						
T	0.355	0.341	0.382	0.592					

（续表）

	C	AM	GH	T	PR	PB	F	TRUP	BI
PR	0.371	0.361	0.399	0.437	0.589				
PB	0.373	0.352	0.386	0.386	0.407	0.586			
F	0.482	0.383	0.339	0.312	0.369	0.335	0.577		
TRUP	0.439	0.407	0.346	0.342	0.373	0.357	0.504	0.631	
BI	0.443	0.395	0.325	0.351	0.358	0.306	0.428	0.465	0.601

注：C 表示渠道相关因素；AM 表示住宿相关因素；GH 表示个人与房东相关因素；T 表示信任；PR 表示感知风险；PB 表示感知收益；F 表示熟悉度；TRUP 表示信任倾向；BI 表示行为意向。

4.3 人口特征与研究变量的关系分析

本书将验证人口特征与各个研究变量之间的关系，考察不同的性别、年龄、学历、收入水平和出游住宿人数是否会给各个研究变量带来显著的影响。其中，本书对性别进行了独立样本 t 检验，对年龄、学历、收入水平和出游住宿人数进行单因素方差分析（ANOVA）。

4.3.1 性别对研究变量的影响分析

从表 4-16 性别的独立样本 t 检验的结果显示，男性和女性在感知风险、感知收益、熟悉度和选择行为意向四个方面没有显著差异（>0.05），而在渠道相关因素、住宿相关因素、个人与房东相关因素、信任和信任倾向五个方面都有显著差异（<0.05）。具体来看，在渠道相关因素中女性的均值高于男性，说明女性游客对于运用渠道的购买方式更有好感，由于几乎所有的 P2P 住宿都是在网络上销售的，而女性更青睐于网购，因此在渠道因素上女性和男性有显著的差异。住宿相关因素上女性的均值高于男性，说明女性在旅行中对于住宿条件和别人的评价更加看重。个人与房东关系因素中女性的均值高于男性，说明在旅行中女性更愿意与房东或当地居民接触和沟通。信任方面女性的均值高于男性，说明女性对于 P2P 住宿这种方式的信任度更高。信任倾向方面女性的均值高于男性，说明女性更容易相信一些新生事物，在旅游住宿的购买上会更感性些。

表 4-16 性别的独立样本 t 检验

变量	性别	N	Mean	t	$df.$	Sig.（双尾）
C	男	208	3.51	−2.197	527	0.028
	女	289	3.67			
AM	男	208	3.70	−3.271	527	0.010
	女	289	3.97			
GH	男	208	3.86	−3.126	527	0.029
	女	289	4.14			
T	男	208	3.52	−2.983	527	0.030
	女	289	3.74			
PR	男	208	3.30	−1.882	527	0.067
	女	289	3.41			
PB	男	208	3.48	−1.629	527	0.104
	女	289	3.60			
TRUP	男	208	3.44	−2.397	527	0.017
	女	289	3.60			
F	男	208	3.18	−1.303	527	0.193
	女	289	3.29			
BI	男	208	3.51	−1.911	527	0.057
	女	289	3.66			

注：C 表示渠道相关因素；AM 表示住宿相关因素；GH 表示个人与房东相关因素；T 表示信任；PR 表示感知风险；PB 表示感知收益；TRUP 表示信任倾向；F 表示熟悉度；BI 表示行为意向。

4.3.2 年龄对研究变量的影响分析

年龄对于各个研究变量的影响如表 4-17 所示，在渠道相关因素、住宿相关因素、个人与房东相关因素、信任、感知风险、感知收益、熟悉度和信任倾向这 8 个变量都有显著差异，在选择行为意向方面没有显著差异。具体来看，渠道相关因素方面年轻人比年长者更感兴趣，但是从各个年龄层上来看，从 20 岁到 60

岁之间的游客对于渠道的应用差异并不大，只有 60 岁以上的人群对渠道购买相对认可度不高，平均值比较低。住宿相关因素方面年龄在 30 岁至 50 岁期间的游客对住宿的具体内容的关注度很高，更讲究质量，而年龄在 20 岁至 30 岁和 50 岁以上的游客对于住宿条件的要求相对没有那么高。个人与房东相关因素方面，30 岁到 60 岁期间的游客更愿意与房东或当地人沟通，而年轻人（20 ～ 30 岁）或年长者（60 岁以上）在旅游住宿中与当地人或房东的沟通觉得不太重要。信任方面，20 岁至 60 岁期间的游客对 P2P 住宿都保持着比较信任的态度，只有 60 岁以上的游客对 P2P 这种住宿信任度不高，可能是由于老年人的警惕性和谨慎性比较高，对新生事物抱有怀疑的态度。感知风险方面，20 岁至 60 岁的游客对 P2P 住宿的风险差异不大，60 岁以上的游客对感知风险的意识很强。感知收益方面 20 岁至 60 岁的游客对 P2P 住宿的收益感知差异不大，普遍认为这种住宿还是有一定的优越性的，60 岁以上的游客对感知收益的表现不强，认为收益感知不大，可能和思想过于保守有关。熟悉度方面体现出来越年轻对于 P2P 住宿的流程越熟悉的结果，20 岁至 30 岁的游客最为熟悉这种住宿方式，这和他们长期应用网络购物有关系，因此熟悉度高于其他年龄段的游客，相对 60 岁以上的游客的熟悉度最差。信任倾向方面，20 岁至 60 岁的游客差异不大，只有 60 岁以上的游客平均值比较低，体现出老年人更谨慎的特点。在选择行为意向方面各年龄阶段的显著性差异不太大，31 至 40 岁的游客在购买 P2P 住宿的意愿上均值最高。

表 4-17　年龄的单因素方差分析

变量	年龄	*N*	Mean	*F*	Sig.
C	20 ～ 30 岁	198	3.54	28.85	0.000
	31 ～ 40 岁	136	3.68		
	41 ～ 50 岁	131	3.74		
	51 ～ 60 岁	23	3.70		
	60 岁以上	9	2.78		
AM	20 ～ 30 岁	198	3.69	28.63	0.000
	31 ～ 40 岁	136	4.07		
	41 ～ 50 岁	131	4.06		
	51 ～ 60 岁	23	3.40		
	60 岁以上	9	3.18		
GH	20 ～ 30 岁	198	3.94	32.31	0.000
	31 ～ 40 岁	136	4.11		
	41 ～ 50 岁	131	4.08		
	51 ～ 60 岁	23	4.23		
	60 岁以上	9	3.22		

（续表）

变量	年龄	*N*	Mean	*F*	Sig.
T	20 ～ 30 岁	198	3.60	26.08	0.000
	31 ～ 40 岁	136	3.72		
	41 ～ 50 岁	131	3.70		
	51 ～ 60 岁	23	3.71		
	60 岁以上	9	2.90		
PR	20 ～ 30 岁	198	3.51	17.98	0.000
	31 ～ 40 岁	136	3.27		
	41 ～ 50 岁	131	3.32		
	51 ～ 60 岁	23	3.00		
	60 岁以上	9	2.96		
PB	20 ～ 30 岁	198	3.52	25.11	0.000
	31 ～ 40 岁	136	3.58		
	41 ～ 50 岁	131	3.66		
	51 ～ 60 岁	23	3.68		
	60 岁以上	9	2.60		
TRUP	20 ～ 30 岁	198	3.49	23.10	0.000
	31 ～ 40 岁	136	3.59		
	41 ～ 50 岁	131	3.68		
	51 ～ 60 岁	23	3.67		
	60 岁以上	9	2.90		
F	20 ～ 30 岁	198	3.34	19.79	0.000
	31 ～ 40 岁	136	3.29		
	41 ～ 50 岁	131	2.98		
	51 ～ 60 岁	23	3.03		
	60 岁以上	9	2.36		
BI	20 ～ 30 岁	198	3.55	1.21	0.302
	31 ～ 40 岁	136	3.66		
	41 ～ 50 岁	131	3.63		
	51 ～ 60 岁	23	3.43		
	60 岁以上	9	3.12		

注：C 表示渠道相关因素；AM 表示住宿相关因素；GH 表示个人与房东相关因素；T 表示信任；PR 表示感知风险；PB 表示感知收益；TRUP 表示信任倾向；F 表示熟悉度；BI 表示行为意向。

4.3.3 收入水平对研究变量的影响分析

收入水平对于各个研究变量的影响如表 4-18 所示，在渠道相关因素、住宿相关因素、个人与房东相关因素、信任、感知风险、感知收益、熟悉度、信任倾向和选择行为意向这 9 个变量都有显著差异。具体来看，渠道相关因素月收入在 2000 ～ 4000 元的游客更喜欢用应用渠道购买旅游 P2P 住宿产品，月收入在 2000 元以内的对应用渠道购买 P2P 住宿的兴趣相对比较低，月收入在 8000 元以上的游客对于渠道的兴趣也比较高，这说明渠道购买旅游产品对各个收入水平上的游客都比较普及。住宿相关因素方面，月收入在 2000 ～ 6000 元的游客更重视这方面内容，月收入在 2000 元以内的不太注重住宿相关内容。个人与房东因素，月收入相对较高的游客更重视与当地人或房东的交流与沟通，这些人在旅游过程更加注重真切深入的体验。信任方面，月收入在 2000 ～ 4000 元之间的游客对于 P2P 住宿更加信任，也更感兴趣，其次是月收入在 4000 ～ 6000 元之间的游客。感知风险方面，月收入在 2000 ～ 4000 元的游客觉得 P2P 住宿这种方式的不确定性更强，其余各组的均值差异不大。感知收益方面，月收入在 2000 ～ 4000 元的游客认为 P2P 住宿会给旅行带来比较大的好处，尤其是体现在逗留时间、旅行频率和目的地的选择上，其次是月收入在 8000 元以上的游客，对于这种住宿方式几乎所有收入水平的游客都给予了相对的认可。熟悉度方面，2000 ～ 4000 元的游客均值最高，其余收入水平的游客差异不大。信任倾向方面，8000 元以上游客均值最高，高收入水平的游客体现出来更高的信任倾向值，他们在旅行中更易接受新的事物，愿意和陌生人接触，并给予信任。选择行为意向方面，月收入在 4000 ～ 6000 元的游客选择意愿比较高，其次是月收入在 8000 元以上的游客，由此看来，P2P 住宿影响对高收入游客比低收入游客要强，并且部分人群也认可其是有一定质量的住宿方式。

表 4-18　收入水平的单因素方差分析

变量	年龄	*N*	Mean	*F*	Sig.
C	2000 元以内	120	3.48	28.24	0.000
	2000 ～ 4000 元	91	3.84		
	4000 ～ 6000 元	129	3.66		
	6000 ～ 8000 元	72	3.50		
	8000 元及以上	85	3.62		
AM	2000 元以内	120	3.63	27.01	0.000
	2000 ～ 4000 元	91	4.02		
	4000 ～ 6000 元	129	4.02		
	6000 ～ 8000 元	72	3.82		
	8000 元及以上	85	3.99		
GH	2000 元以内	120	3.79	13.29	0.000
	2000 ～ 4000 元	91	4.09		
	4000 ～ 6000 元	129	4.15		
	6000 ～ 8000 元	72	4.02		
	8000 元及以上	85	4.10		

（续表）

变量	年龄	N	Mean	F	Sig.
T	2000 元以内	120	3.54	25.33	0.000
	2000 ～ 4000 元	91	3.80		
	4000 ～ 6000 元	129	3.72		
	6000 ～ 8000 元	72	3.59		
	8000 元及以上	85	3.62		
PR	2000 元以内	120	3.45	16.39	0.000
	2000 ～ 4000 元	91	3.64		
	4000 ～ 6000 元	129	3.28		
	6000 ～ 8000 元	72	3.15		
	8000 元及以上	85	3.24		
PB	2000 元以内	120	3.46	23.05	0.000
	2000 ～ 4000 元	91	3.69		
	4000 ～ 6000 元	129	3.60		
	6000 ～ 8000 元	72	3.43		
	8000 元及以上	85	3.62		
TRUP	2000 元以内	120	3.42	22.90	0.000
	2000 ～ 4000 元	91	3.62		
	4000 ～ 6000 元	129	3.62		
	6000 ～ 8000 元	72	3.47		
	8000 元及以上	85	3.71		
F	2000 元以内	120	3.26	15.83	0.000
	2000 ～ 4000 元	91	3.31		
	4000 ～ 6000 元	129	3.18		
	6000 ～ 8000 元	72	3.25		
	8000 元及以上	85	3.16		
BI	2000 元以内	120	3.46	2.74	0.018
	2000 ～ 4000 元	91	3.77		
	4000 ～ 6000 元	129	3.63		
	6000 ～ 8000 元	72	3.47		
	8000 元及以上	85	3.59		

注：C 表示渠道相关因素；AM 表示住宿相关因素；GH 表示个人与房东相关因素；T 表示信任；PR 表示感知风险；PB 表示感知收益；TRUP 表示信任倾向；F 表示熟悉度；BI 表示行为意向。

4.3.4 教育程度对研究变量的影响分析

教育程度对于各个研究变量的影响如表 4-19 所示，在渠道相关因素、住宿相关因素、个人与房东相关因素、信任、感知风险、感知收益、熟悉度、信任倾向和选择行为意向这 9 个变量都有显著差异。具体来看，渠道相关因素方面大学和研究生及以上的学历对 P2P 住宿更感兴趣，学历低的游客在渠道的应用差异上平均值比较低，但此部分人在购买人群中占的比例比较小。住宿相关因素方面大学和研究生及以上的学历的游客对住宿的具体内容的关注度很高，更讲究质量，高中及以下学历对 P2P 住宿方面的要求不高。个人与房东相关因素方面，研究生及以上学历的游客更愿意与房东或当地人沟通，其次是大学学历的游客，高中及以下学历的游客则认为沟通不太重要。信任方面，研究生及以上学历游客对 P2P 住宿信任度较高，大学学历的游客也都保持着比较信任的态度。感知风险方面，游客对 P2P 住宿的风险均值差异不太大，大学和研究生及以上学历游客对感知风险的意识很强。感知收益方面，研究生及以上学历游客认为收益感知最大，普遍认为这种住宿还是有一定的优越性的，大学学历游客认为收益感知也不小，大家都认可 P2P 住宿这种方式能给旅行带来一定的好处。熟悉度方面，大学学历的游客熟悉度最强，但是高中及以下和研究生及以上学历的游客也比较熟悉，说明各种教育水平在购买旅游产品上都有一定的熟悉度。信任倾向方面教育水平越高，体现出越高的信任倾向。在选择行为意向方面教育水平越高的购买意向均值越大。

表 4-19　教育程度的单因素方差分析

变量	教育程度	*N*	Mean	*F*	Sig.
C	高中及以下	15	3.50	29.59	0.000
	大学（大专和本科）	344	3.59		
	研究生及以上	138	3.72		
AM	高中及以下	15	3.76	31.12	0.000
	大学（大专和本科）	344	4.01		
	研究生及以上	138	4.15		
GH	高中及以下	15	3.3	17.71	0.000
	大学（大专和本科）	344	3.93		
	研究生及以上	138	3.82		
T	高中及以下	15	3.44	30.14	0.000
	大学（大专和本科）	344	3.63		
	研究生及以上	138	3.77		
PR	高中及以下	15	3.16	22.19	0.000
	大学（大专和本科）	344	3.40		
	研究生及以上	138	3.48		

（续表）

变量	教育程度	*N*	Mean	*F*	Sig.
PB	高中及以下	15	3.44	25.89	0.000
	大学（大专和本科）	344	3.56		
	研究生及以上	138	3.67		
TRUP	高中及以下	15	3.52	24.72	0.000
	大学（大专和本科）	344	3.53		
	研究生及以上	138	3.69		
F	高中及以下	15	3.19	16.77	0.000
	大学（大专和本科）	344	3.30		
	研究生及以上	138	3.17		
BI	高中及以下	15	3.47	3.55	0.000
	大学（大专和本科）	344	3.57		
	研究生及以上	138	3.76		

注：C 表示渠道相关因素；AM 表示住宿相关因素；GH 表示个人与房东相关因素；T 表示信任；PR 表示感知风险；PB 表示感知收益；TRUP 表示信任倾向；F 表示熟悉度；BI 表示行为意向。

4.3.5 出游住宿人数对研究变量的影响分析

出游住宿人数对于各个研究变量的影响如表 4-20 所示，在渠道相关因素、住宿相关因素、个人与房东相关因素、信任、感知风险、感知收益、熟悉度、信任倾向和选择行为意向这 9 个变量都有显著差异。具体来看，出游人数多对 P2P 住宿更感兴趣，3 人出游平均值最高，1 人出游对 P2P 住宿相对低，但此部分人在购买人群中占的比例比较小。住宿相关因素方面，多人出游的游客对住宿的具体内容的关注度高，更讲究质量，1 个人出游对 P2P 住宿方面的认可相对不高。个人与房东相关因素方面均值差异不大，游客们都愿意与房东或当地人沟通。信任方面，4 人出游的游客对 P2P 住宿信任度最高，3 人和 5 人及以上出游游客也比较信任。感知风险方面，出游人数对 P2P 住宿的风险方面 4 人出游的游客均值最大，普遍认为 P2P 住宿有一定的风险。感知收益方面，3 人和 4 人出游游客认为收益感知最大，普遍认为这种住宿还是有一定的优越性的，这正好也是中国普通家庭的人数体现，一家人出游认为 P2P 住宿更有优越性。熟悉度方面，4 人出游的游客最熟悉这种住宿方式，结伴出游更青睐这种住宿，同时各种人数出游在购买旅游产品上都有一定的熟悉度。信任倾向方面，3 人和 4 人出游的游客平均值比较高，体现出这类群体更容易接纳新观念、新发明和新风尚等。在选择行为意向方面 3，人和 4 人出游的游客平均值比较高，也是在旅行中选择 P2P 住宿的最多人群。

表 4-20　出游住宿人数的单因素方差分析

变量	出游住宿人数	*N*	Mean	*F*	Sig.
C	1 人	45	3.32	27.99	0.000
	2 人	44	3.57		
	3 人	210	3.76		
	4 人	136	3.66		
	5 人及以上	62	3.51		
AM	1 人	45	3.45	27.44	0.000
	2 人	44	3.77		
	3 人	210	4.04		
	4 人	136	4.08		
	5 人及以上	62	3.78		
GH	1 人	45	3.82	25.14	0.000
	2 人	44	3.93		
	3 人	210	4.43		
	4 人	136	4.17		
	5 人及以上	62	3.90		
T	1 人	45	3.35	27.03	0.000
	2 人	44	3.60		
	3 人	210	3.77		
	4 人	136	3.83		
	5 人及以上	62	3.52		
PR	1 人	45	3.06	23.01	0.000
	2 人	44	3.41		
	3 人	210	3.24		
	4 人	136	3.50		
	5 人及以上	62	3.37		
PB	1 人	45	3.25	24.45	0.000
	2 人	44	3.52		
	3 人	210	3.65		
	4 人	136	3.77		
	5 人及以上	62	3.44		
TRUP	1 人	45	3.16	18.95	0.000
	2 人	44	3.52		
	3 人	210	3.64		
	4 人	136	3.80		
	5 人及以上	62	3.48		

（续表）

变量	出游住宿人数	*N*	Mean	*F*	Sig.
F	1 人	45	2.96	24.86	0.000
	2 人	44	3.25		
	3 人	210	3.28		
	4 人	136	3.60		
	5 人及以上	62	3.00		
BI	1 人	45	3.26	2.66	0.022
	2 人	44	3.60		
	3 人	210	3.70		
	4 人	136	3.73		
	5 人及以上	62	3.59		

注：C 表示渠道相关因素；AM 表示住宿相关因素；GH 表示个人与房东相关因素；T 表示信任；PR 表示感知风险；PB 表示感知收益；TRUP 表示信任倾向；F 表示熟悉度；BI 表示行为意向。

4.4 再次选择与研究变量的关系分析

为了更好地研究 P2P 住宿对酒店业的影响，本书设置了再次选择题项。题项内容是“下一次旅游，您可能会选择的住宿方式”，本题目设置成必答题。选项有两种，一个是 P2P 住宿，另一个是酒店住宿。从回收的 497 份问卷中，回答再次选择 P2P 住宿的问卷 270 份，占总体问卷的 54.24%。也就是说体验过 P2P 住宿的游客，再次选择入住的可能性占一半以上。本书对再次入住的题项作了独立样本 *t* 检验，以期更好地了解 P2P 住宿对传统酒店业的影响。结果显示如表 4-21 所示，再次选择在渠道相关因素、住宿相关因素、个人与房东相关因素、信任、信任倾向、感知风险、感知收益、熟悉度和选择行为意向全部都有显著差异（<0.05）。具体来看，在全部的 9 个变量中，再次选择 P2P 住宿的游客均值都高于再次选择酒店的游客。说明再次选择 P2P 的游客对于运用渠道的购买方式更有好感，对于住宿条件和别人的评价更加看重，更熟悉网络上销售，更愿意与房东或当地居民接触和沟通，对于风险和收益感知更敏锐，更容易相信一些新生事物或陌生人，在旅游住宿的购买上会更感性些。

表 4-21　再次选择的独立样本 *t* 检验

变量	再次选择	*N*	Mean	*t*	*df.*	Sig.（双尾）
C	P2P 住宿	270	3.76	6.055	527	0.000
	酒店住宿	227	3.33			
AM	P2P 住宿	270	4.02	4.974	527	0.000
	酒店住宿	227	3.63			

续表

变量	再次选择	*N*	Mean	*t*	*df.*	Sig.（双尾）
GH	P2P住宿	270	4.11	4.633	527	0.000
	酒店住宿	227	3.95			
T	P2P住宿	270	3.88	7.360	527	0.000
	酒店住宿	227	3.35			
PR	P2P住宿	270	3.44	3.073	527	0.000
	酒店住宿	227	3.27			
PB	P2P住宿	270	3.76	6.373	527	0.000
	酒店住宿	227	3.29			
TRUP	P2P住宿	270	3.78	7.097	527	0.000
	酒店住宿	227	3.25			
F	P2P住宿	270	3.43	4.858	527	0.000
	酒店住宿	227	3.01			
BI	P2P住宿	270	3.78	5.916	527	0.000
	酒店住宿	227	3.36			

注：C表示渠道相关因素；AM表示住宿相关因素；GH表示个人与房东相关因素；T表示信任；PR表示感知风险；PB表示感知收益；TRUP表示信任倾向；F表示熟悉度；BI表示行为意向。

4.5 总体模型的假设检验

本书在实证研究的过程中采用结构方程和回归分析相结合的方法进行核对和分析。相应的分析软件为AMOS 17.0和SPSS 22.0。

4.5.1 多重共线性问题诊断

多重共线性是指由于线性回归模型中的解释变量之间相互作用、相互影响，存在着不可忽略的高度相关性，致使模型估计失去真实特性，或者最终使模型的评价结果让人难以信服与接受。一旦出现了多重共线性，无论是在结构分析上，还是在预测判断上，模型中参数估计值的信度、效度和区分度就会降低，模型自身的诊断功能就会被直接削弱，从而使结果失去准确性。因此，合理的多重共线性的诊断对于本书是非常重要的。本书在用结构方程模型对理论模型进行验证时要先对理论模型中各个变量进行多重共线性诊断，这个过程是不可省略的，特别是在模型中变量个数较多时，很容易产生各个变量之间相关性或多重共线性的问题。本书在多重共线性问题的诊断过程中，首先采用了相关的分析对变量进行差异化检测，其次再应用方差膨胀系数检验变量之间是否真实存在多重共线性的问题。

（1）变量相关性分析

在用结构化方程模型对理论模型进行验证时要先对理论模型中各个变量进行多重共线性诊断，这个过程是不可省略的，特别是在模型中变量个数较多时，很容易产生各个变量之间相关性或多重共线性的问题。相关性分析是对模型假设的初步的检验，它是通过利用解释变量的相关系数来判断解释变量之间是否存在着显著的线性关系。判断的规则为解释变量之间的相关系数如果比较高，没有达到显著性（$p < 0.01$），则可认为存在着多重共线性，否则初步认为不存在多重共线性。针对本书模型应用 Pearson 积差相关分析得到表 4-22。

表 4-22　模型相关变量 Pearson 相关系数一览表

	C	AM	GH	T	PR	PB	F	TRUP	BI
C	1								
AM	0.639**	1							
GH	0.644**	0.655**	1						
T	0.611**	0.623**	0.676**	1					
PR	0.426**	0.486**	0.497**	0.375**	1				
PB	0.610**	0.601**	0.609**	0.662**	0.425**	1			
F	0.580**	0.430**	0.332**	0.616**	0.328**	0.544**	1		
TRUP	0.568**	0.391**	0.350**	0.617**	0.303**	0.626**	0.473**	1	
BI	0.642**	0.536**	0.487**	0.651**	0.178**	0.596**	0.521**	0.599**	1

注：C 表示渠道相关因素；AM 表示住宿相关因素；GH 表示个人与房东相关因素；T 表示信任；PR 表示感知风险；PB 表示感知收益；F 表示熟悉度；TRUP 表示信任倾向；BI 表示行为意向；** 表示 Pearson 相关系数在置信度（双侧）为 0.01 时，相关性是显著的。

从表 4-22 中的数据分析中明显看出：几乎所有的变量和相关系数都达到了一个非常显著的程度，而且各个变量之间也存在着各种各样的相关性，同时不会出现相关系数相等的现象，这就表示各个变量之间存在着差异，并不是同一个变量，所以能够初步判断出这些变量之间存在着较高的区分度，但这并不能排除多重共线性的问题，如需证明还需进一步做数据分析。

（2）方差膨胀系数

方差膨胀因子法作为常见的多重共线性诊断方法，是利用方差膨胀因子值大小来初步判定该模型中是否存在多重共线性问题（马庆国，2002）。方差膨胀因子（*VIF*）是指解释变量之间存在多重共线性时的方差与不存在多重共线性时的方差之比。计算公式如下入所示：

$VIF=1/（1-R^2_j）\quad j=1,\cdots,k$

参数 VIF_j 用来表示检测到每个变量受多重共线性影响的大小的值，字母 R^2_j 表示将第 j 个自变量当成因变量，再用其他的 $k-1$ 个变量作为线性回归所得的决定系数。容忍度的倒数 *VIF* 越大，显示共线性越严重，普遍的判断方法表明为当 $0<VIF<10$，不存在多重共线性；当 $10 \leqslant VIF<100$，存在较强的多重共线性；当 $VIF \geqslant 100$，存在严重多重共线性。如果容差（tolerance）$\leqslant 0.1$ 则说明自变量间存在严重共线性情况，反之则不存在多重共线性。一旦方差膨胀因子的值超出统计意义时，就可以排除哪个变量引起了共线性，或者把原有模型转换成差分模型等方法解决共线性问题。在本书中，采用的是 SPSS 22.0 软件来模拟各变量方差膨胀因子的值，如表 4-23 所示。

表 4-23　共线性诊断结果

	C	AM	GH	T	PR	PB	F	TRUP
Tolerance	0.481	0.755	0.772	0.716	0.800	0.814	0.645	0.871
VIF	2.081	1.323	1.384	1.402	1.249	1.312	1.538	1.212

从表 4-23 中能够得到结论：利用方差膨胀因子对本书中模型的变量进行共线性诊断后，明确了各个变量之间并不存在多重共线性的问题。

4.5.2　总体模型检验

本书在实证研究中使用结构方程模型（SEM）进行统计分析。因为回归分析等传统的统计方法有些地方不能很好地处理直接测量时产生的潜在变量，同时模型对自变量要求也相对较高，而结构方程模型就可以较好地处理上述问题。结构方程模型可以使用变量的协方差矩阵分析变量间因果关系的统计方法，能够同时处理多个潜变量及其指标间的关系，并可对不同的模型进行比较研究（侯杰泰，2007）。本书的研究模型适合使用结构方程分析技术，并应用 AMOS 17.0 统计软件。在结构方程进行数据处理的时候，这里要重点解决的就是研究模型在拟合度方面的问题。显而易见，模型拟合度指的是假设模型和观察数据两者之间一致性的程度。如果拟合度效果非常好，那么搜集出的资料就能够对该研究提出的假设模型充分支持，反之则代表假设模型有待修正。整体模型拟合度的衡量分为三种类型的指标：绝对拟合度指标、增量拟合度指标和简效拟合度指标。

（1）模型的基本拟合情况

在使用结构方程模型的过程当中，一旦变量数量过多，就会建立一个太过复杂的模型，这样就会增加运算难度。因此，多数专家学者都会利用变量组合方式对测量模型的变量作简化。即将潜变量视为观察变量，再把潜变量的测量题项得分的算数平均值反复对该潜变量进行测量，最后形成一个观察变量（邱皓政，2008）。本书采用了这种方法，将渠道相关因素的 5 个构成维度转换成观察变量，变量名保持不变，仍然是 C1、C2、C3、C4 和 C5，这五个维度就是对各个测度题项得分后再进行相加后得到的平均值数转换承担观察变量。

进行模型验证和评价时，一般先检查该模型的拟合状况，相对重要的模型基本拟合标准通常包含：①不会出现负值误差变异；②误差变异值要呈显著趋势；③估计参数之间相关系数的绝对值最好不要间隔太小；④因素负荷量要大；⑤不会出现较大的标准误差（Bagozzi & Yi，1998）。如果有异常的参数发生，就表示数据和理论模型不匹配，要对模型各个变量反复修正，直至出现满意的结果为止，具体结果如表 4-24 所示。

表 4-24　模型拟合参数整理表

参数	标准化系数	T 值	标准误差
C1	0.84	—	—
C2	0.75	21.176***	0.04
C3	0.88	22.833***	0.05
C4	0.76	17.016***	0.04
C5	0.87	19.952***	0.04
AM1	0.86	—	—
AM2	0.91	20.254***	0.04
AM3	0.88	19.759***	0.04
AM4	0.90	22.589***	0.05
GH1	0.89	—	—
GH2	0.88	10.874***	0.05

（续表）

参数	标准化系数	T 值	标准误差
T1	0.88	—	—
T2	0.91	21.374***	0.03
T3	0.89	20.326***	0.03
T4	0.90	20.805***	0.03
PR1	0.89	—	—
PR2	0.84	15.095***	0.06
PR3	0.86	15.736***	0.04
PB1	0.87	—	—
PB2	0.88	14.125***	0.04
PB3	0.90	16.538***	0.05
BI11	0.82	—	—
BI12	0.85	10.969***	0.06
BI13	0.89	11.243***	0.06

注：*** 表示 $p<0.001$。

由上表可知，模型基本拟合各项参数标准误介于 0.1 至 0.7 之间，误差不算大，且没有任何负值的存在。标准化参数值在 0.6 至 0.9 之间，没有太接近 1 的情况出现，所有 T 值都达到了显著水平，由此判断本书的模型可以通过基本拟合指标。

（2）模型的整体情况

对于模型拟合检验的指针，本书主要选用卡方自由度比（x^2/df）、拟合优度指数（GFI）、规范拟合指数（NFI）、累积拟合指数（IFI）、比较拟合指数（CFI）、近似误差均方根（RMSEA）等指标，从绝对拟合度、增量拟合度和简效拟合度三个方面对模型进行验证。一般认为，卡方自由度比在 3 以下较好，Wheaton 等（1977）的研究则认为该指标只要小于 5 就可以被接受。整体模型具体拟合指针如表 4-25 所示。由表可以看出，整体模型和样本适配度尚可，但是个别指标没有达到标准，所以要修正数据模型。造成上述结果的原因通常有几种可能：一是假定的数据分布违反了规律；二是各变量之间存在非直线性的关系；三是缺失值数量过多；四是序列误差等因素的存在（Bentler & Chou，1987）。如果能修正并改善序列误差就可以提高并改善模型适配度。模型修正的步骤一般只处理内在序列误差，如果只有外部序列误差，那么代表研究理论在方向上出了错误，即使靠模型修正也不可能得到适配度较好的模型（Gerbing & Anderson，1984）。软件 AMOS 可以按照修正指针（MI）实时修正模型。修正模型的修改集中在两方面：

第一，增加变量间的相关性；

第二，增加或删除各个变量之间的影响路径。

本书对于模型的修正采用的是第一种方法，即增加了残差间的协方差关系。表 4-25 为模型修正后具体的各项拟合指标，以及与之对应的总体模型拟合指针。

表 4-25　模型拟合指针

拟合指标	指标标准	总体模型	修正模型
x^2/df	<5	4.375	3.427
GFI	>0.8	0.763	0.906
AGFI	>0.8	0.709	0.883
RMSEA	<0.08	0.117	0.057
NFI	>0.9	0.851	0.926
CFI	>0.9	0.871	0.940
IFI	>0.9	0.872	0.940
PNFI	>0.5	0.675	0.752
PGFI	>0.5	0.537	0.678

通过结构方程软件对整体模型验证，修正后总体模型的路径分析结果见表 4-26。

表 4-26　修正模型结构方程路径分析结果

路径关系	标准化路径系数	S.E.	C.R.	p 值
C—T	0.72	0.090	8.736	***
AM—T	0.20	0.029	3.074	***
GH—T	0.33	0.052	6.091	***
C—PR	−0.61	0.082	7.119	***
AM—PR	−0.07	0.014	−1.587	0.626
GH—PR	−0.39	0.041	6.186	***
PR—T	−0.29	0.037	5.172	***
T—BI	0.50	0.101	6.940	***

（续表）

路径关系	标准化路径系数	S.E.	C.R.	P 值
PR—BI	−0.15	0.107	2.428	0.049
PB—BI	0.18	0.032	4.982	***

注：C 表示渠道相关因素；AM 表示住宿相关因素；GH 表示个人与房东相关因素；T 表示信任；PR 表示感知风险；PB 表示感知收益；TRUP 表示信任倾向；F 表示熟悉度；BI 表示行为意向；*** 表示 $p<0.001$。

根据结构方程的路径分析结果画出结构模型结果图，如图 4-10 所示。

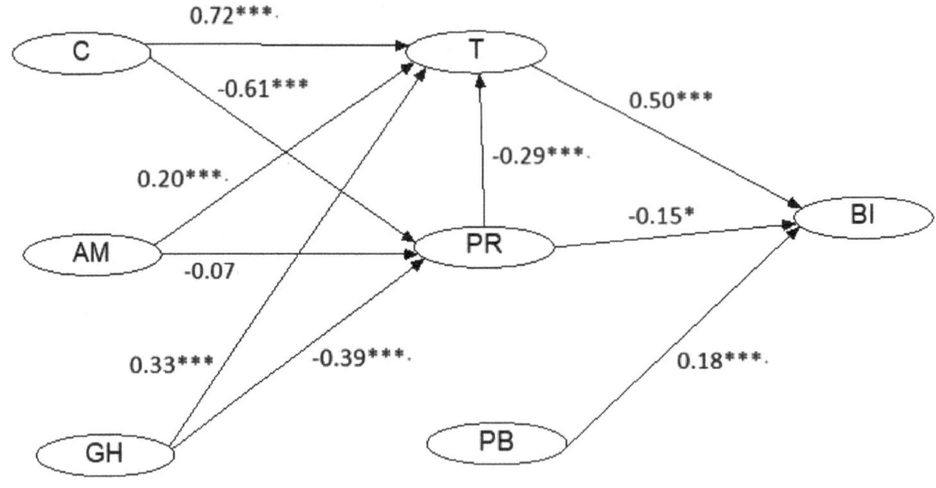

图 4-10　结构模型结果图

注：C 表示渠道相关因素；AM 表示住宿相关因素；GH 表示个人与房东相关因素；T 表示信任；PR 表示感知风险；PB 表示感知收益；TRUP 表示信任倾向；F 表示熟悉度；BI 表示行为意向；*** 表示 $p<0.001$；* 表示 $0.01<p<0.05$。

4.5.3　中介效应的检验

本书关于信任对感知风险和选择行为意向关系作用的中介效应，采用温忠麟等 2004 年提出的中介效应检验程序，并对相关数据进行标准化处理。首先建立与解释变量 X（感知风险）、中介变量 M（信任）和被解释变量 Y（选择行为意向）有关的 3 个回归方程，具体如下：

$$Y=c_1X+\varepsilon_1 \tag{1}$$

$$M=aX+\varepsilon_2 \tag{2}$$

$$Y=c_2X+bM+\varepsilon_3 \qquad (3)$$

以上三个方程式对应着建立三个模型，第一个模型是感知风险对选择行为意向的回归，第二个模型是感知风险和中介变量信任对选择行为意向分层回归，第三个模型是感知风险对中介变量信任回归。本书用 SPSS 22.0 软件进行中介效应检验，按以下步骤对回归系数依次进行分析：第一步对系数 c_1 进行检验，感知风险对信任进行回归分析，c_1 达到了显著（β=0.247，$p<0.01$），进行第二步分析。第二步是感知风险对行为意向进行回归分析，a 达到了显著（β=0.367，$p<0.01$），进行第三步分析。第三步是验证系数 a 和 b，在进行回归分析时有一个显著（β=0.640，$p<0.01$），一个 p 值不显著（β=－0.050，p=0.209），需要进行第四部验证。第四步是进行 Sobel 检验，其中系数 a 对应的标准误差为 S_a（a=0.640，S_a=0.04），系数 b 对应的标准误差为 S_b（b=0.05，S_b=0.04），根据数据计算 Sobel 的绝对值为 1.246，小于 1.96（1.96 是 0.05 显著水平的临界值），由此说明无中介效应。因此游客的信任在 P2P 住宿商业模式的感知风险和行为意向之间不存在中介效应。

4.5.4 调节效应检验

调节效应是指在自变量对因变量的影响过程中，调节变量取不同的值时，自变量对因变量的影响程度是否有明显差异。如果调节变量取不同值时，自变量对因变量的影响幅度并不一致，则说明有调节效应，反之这说明没有调节效应。本书中假设的调节变量为熟悉度和信任倾向，检验其分别在信任对选择行为意向上是否有调节效应。由于信任、选择行为意向、熟悉度和信任倾向四个变量都是定量数据，因此在进行调节效应研究之前，分别进行标准化处理，然后生成相应的交互项。本书应用 SPSS 22.0 软件，通过分层回归分析法进行调节效应检验。

（1）熟悉度的调节效应检验

对于熟悉度调节效应的检验采用了回归分析的方法。首先是以信任（T）为自变量，以选择行为意向（BI）为因变量，以熟悉度（F）为调节变量建立了回归模型。结果显示：信任和熟悉度的交互项对行为意向的回归系数 β=0.126，t=2.778，p=0.006（$p<0.01$，具有显著性）。具体的结果如表 4-27 所示。由结果可以看出，调节变量熟悉度在信任对选择行为意向上是有调节效应的。

表 4-27　熟悉度的调节效应检验

自变量	模型 1	模型 2	模型 3
常数	− 1.614	− 1.440	− 0.066
信任（T）	0.651***	0.544***	0.574***
熟悉度（F）	—	0.162***	0.120***
T 和 F 的交互项	—	—	0.100***
调整后的 R^2	0.422	0.435	0.448
F 值变更显著性	0.000***	0.000***	0.006***

注：*** 表示 $p<0.001$。

为了更直观地体现出熟悉度的调节作用，我们还进一步求得了熟悉度在不同取值水平下的主效应。我们分别取得了熟悉度在高水平（平均值 +1 标准偏差）时信任对行为意向的回归系数，熟悉度在低水平（平均值 − 1 标准偏差）时信任对行为意向的回归系数。由结果可以看出，随着熟悉度的提高，信任与行为意向之间的正向关系也逐渐增强。本书绘制了相应的调节效应图，如图 4-11 所示。

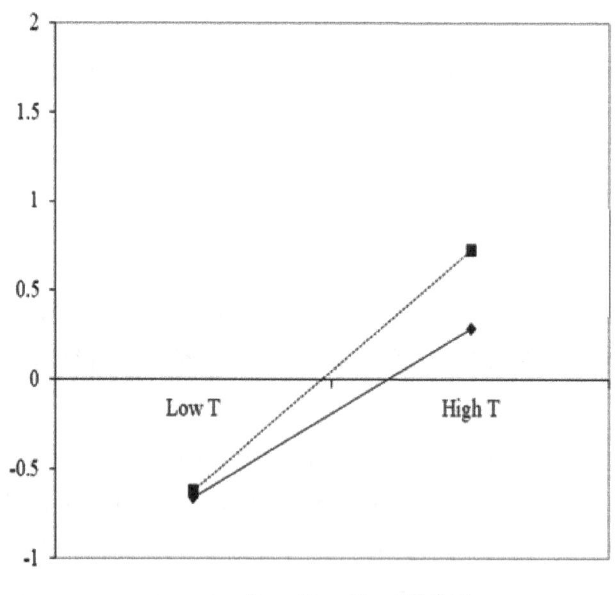

图 4-11　熟悉度的调节效应图

注：Low 表示低水平，High 表示高水平；T 表示信任变量，F 表示熟悉度变量。
数据来源：本书整理

从图 4-11 可以清晰地看出，高熟悉度的游客其信任对于行为意向的影响要强于低熟悉度的游客。简单来说，熟悉度越高，信任对 P2P 住宿的选择行为意向的增强型交互作用越显著。

（2）信任倾向的调节效应检验

对于信任倾向调节效应的检验采用了回归分析的方法。首先是以信任（T）为自变量，以选择行为意向（BI）为因变量，以信任倾向（TRUP）为调节变量建立了回归模型。结果显示：信任和信任倾向的交互项对行为意向的回归系数 β=0.102，t=2.474，p=0.014（$0.01<p<0.05$，具有显著性）。具体的结果如表 4-28 所示。由结果可以看出，调节变量信任倾向在信任对选择行为意向上是有调节效应的。

表 4-28　信任倾向的调节效应检验

自变量	模型 1	模型 2	模型 3
常数	− 1.614	− 1.051	− 0.051
信任（T）	0.651***	0.312***	0.328***
信任倾向（TRUP）	—	0.456***	0.449***
T 和 TRUP 的交互项	—	—	0.068***
调整后的 R^2	0.422	0.513	0.522
F 值变更显著性	0.000***	0.000***	0.014*

注：*** 表示 $p<0.001$；** 表示 $0.001<p<0.01$；* 表示 $0.01<p<0.05$。

为了更直观地体现出信任倾向的调节作用，我们还进一步求得了信任倾向在不同取值水平下的主效应。我们分别取得了信任倾向在高水平（平均值 +1 标准偏差）时信任对行为意向的回归系数，信任倾向在低水平（平均值 − 1 标准偏差）时信任对行为意向的回归系数。由结果可以看出，随着信任倾向的提高，信任与行为意向之间的正向关系也逐渐增强，但这种增强体现得并不明显。本书绘制了相应的调节效应图，如图 4-12 所示。

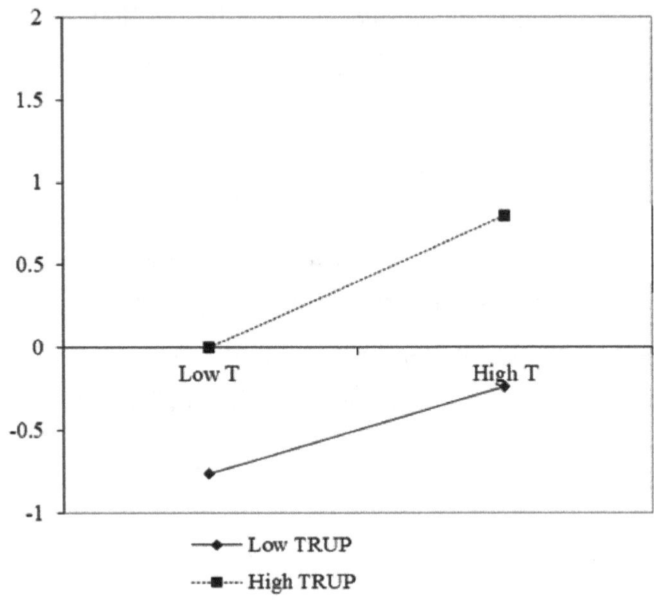

图 4-12　信任倾向的调节效应图

注：Low 表示低水平，High 表示高水平；T 表示信任变量，TRUP 表示信任倾向变量。

从图 4-12 可以看出，高信任倾向的游客其信任对于行为意向的影响要强于低信任倾向的游客。随着信任倾向变强，信任对 P2P 住宿行为意向的影响逐渐增强。但是受制于信任倾向与行为意向线性关系的斜率，信任对行为意向提升的增强型交互作用比较有限。

4.6　研究假设的检验结果

在本书中所使用的模型基本由拟合评价、整体拟合评价和内在拟合度检测三部分组成，实验数据和结果表明，本书所建立的理论模型可以很好地解释观察资料在各变量之间的关系和模型之间没有产生显著的不一致情况，所以本书的模型能够对调查数据进行下一步数据分析和结果推论。

在上述结构方程模型中提到的路径分析是前文提出的假设验证，它能够有效地验证理论模型中各变量假设情况，当路径系数 $0.01<p<0.05$ 时，表明分析结果具备显著性；而当 $0.001<p<0.01$ 时，表明分析结果具备有效的显著性；而当 $p<0.001$ 时，表明分析结果显著性很强，真实性非常高。根据之前的路径分析结果图可知，本书的假设中住宿相关因素到感知风险路径的 p 值没有达到显著，所

以这个假设不成立。通过检验，信任的中介效应也是不存在的。感知风险对行为意向的路径中，p 值在 $0.01<p<0.05$ 之间，是一般显著，该假设成立。除以上路径，其余假设都达到了 $p<0.001$，属于非常显著，因此其假设成立。本书经过运用 SPSS 22.0 和 AMOS 17.0 软件对本书全部假设进行检验，结果总结如表 4-29 所示。

表 4-29　研究假设检验结果

研究假设	检验结果
H1a：渠道相关因素对 P2P 住宿商业模式的信任产生积极影响	支持
H2a：住宿相关因素对 P2P 住宿商业模式的信任产生积极影响	支持
H3a：个人与房东因素对 P2P 住宿商业模式的信任有积极影响	支持
H1b：P2P 住宿商业模式选择的渠道相关因素对感知风险有负面影响	支持
H2b：P2P 住宿商业模式选择的住宿相关因素对感知风险有负面影响	不支持
H3b：P2P 住宿商业模式选择的个人与房东因素对感知风险产生负面影响	支持
H4：信任对游客选择 P2P 住宿商业模式意愿产生积极影响	支持
H4a：信任倾向对选择 P2P 住宿商业模式的信任和意愿之间的关系有调节作用	支持
H4b：熟悉度对选择 P2P 住宿商业模式的信任和意愿之间的关系有调节作用	支持
H5：游客的感知风险对选择 P2P 住宿商业模式的意愿产生负面影响	支持
H6：游客的感知风险对选择 P2P 住宿商业模式的信任产生负面影响	支持
H7：游客的感知收益对选择 P2P 住宿商业模式的意愿产生积极影响	支持
H8：游客的信任对 P2P 住宿商业模式的感知风险和行为意向有中介作用	不支持

第5章　研究结论与展望

本书采用社会科学研究中常用的问卷调查法，依据科学、严谨的数据调查及分析流程，以心理学、行为学中的计划行为理论和 SOR 理论为切入点，对旅行中 P2P 住宿的行为意向进行深入研究，旨在挖掘影响游客住宿选择行为意向中的控制变量及探讨变量之间的作用机理。本书的研究主线是以行为意向研究中的经典理论为理论基础，构建模型，通过结构方程模型和回归分析来验证及分析模型中的各个变量，即渠道相关因素、住宿相关因素、个人与房东相关因素、信任、感知风险、感知收益、熟悉度、信任倾向与行为意向之间的关系，并对理论模型能否成立进行验证。本章是将研究过程中的主要研究发现进行归纳整理为结论，并以此结论为启示指导旅游 P2P 住宿商业模式优化，以及提出了增加传统酒店业销售业绩的经营策略。

5.1　研究结论

本书以 ICT 理论、网络社会理论、破坏性创新理论、计划行为理论和 SOR 理论为基础，以分享经济视角下旅游 P2P 住宿的游客为研究对象，从渠道相关因素、住宿相关因素和个人与房东因素为研究切入点，围绕着信任、感知风险和收益三种结构来研究游客的选择意向，并建立相应模型。利用 SPSS 22.0 和 AMOS 17.0 软件对总体模型进行检验，还检验了中介效应和调节效应。同时，本书进一步考察了再次选择及社会人口统计特征对于以上各个变量的影响。通过检验，得出以下结论。

5.1.1　探寻了分享经济视角下游客选择 P2P 住宿商业模式行为意向的主要因素

本书在计划行为理论与 SOR 模型框架下，探讨三个认知变量对行为意向的影响，即信任、感知收益和感知风险三个变量对行为意向的影响。本书一方面弥补了现有文献只选取单独认知变量进行研究的局限性，另一方面在新的经济环境下，揭示了三个认知变量对行为意向影响路径与强弱程度。

实证研究表明，三个认知变量（信任、感知收益和感知风险）对行为意向的影响存在差异。旅游 P2P 住宿行为意向受到信任、感知收益和感知风险变量的直接影响。行为意向与信任和感知收益是正相关的，说明信任和感知收益越高，则选择 P2P 住宿行为意向越高。行为意向与感知风险是负相关的，说明感知风险越高，则选择 P2P 住宿行为意向越低。这与前文的理论分析结果是一致的，与其他研究的结果也是一致的。即旅游过程中，信任是影响游客行为意向的最重要因素之一，信任越强则游客 P2P 住宿购买意向越强，信任可以增加对企业和产品的黏性。感知风险对购买意愿有直接负向影响，感知收益对购买意愿有直接正向影响。在分享经济视角下 P2P 住宿选择行为意向上，信任、感知风险和感知收益三个认知都具有一定的影响性，信任的影响最强，其次是感知收益的影响。

与现有部分理论发现有所不同的是，本书还证明了感知风险对行为意向的直接影响并不是很强，信任在感知风险与行为意向上并没有发挥中介作用。这可能是由于消费者都有一定的网络购物经验有关，而且在 P2P 住宿选择上都是在信誉较好的第三方网站上来购买产品。一般在信誉较好的网站上，主客都需要实名认证，并通过身份验证，还需要提供真实的个人影像数据。不但如此，几乎所有提供 P2P 住宿的网站都免费提供公安部的安全审核，并接受不良信誉举报，这些让游客与房东都减少了后顾之忧。所以本书结果显示感知风险对行为意向的直接影响并不是很强。

5.1.2 扩展了旅游领域中外部环境刺激对游客认知的影响机制和影响路径

在旅游分享经济视角下，P2P 住宿商业模式中，外部环境刺激对游客的认知影响机制和影响路径是不同的。本书基于计划行为理论和 SOR 理论，指出环境及其他个体因素是通过影响认知，进而影响选择行为意向的。研究结论一方面验证了计划行为理论和 SOR 理论的适用性，另外一方面也验证了他们的局限性，需要进一步扩充与完善。本书探讨外部环境刺激，以渠道相关因素、住宿相关因素和个人与房东相关因素为外部环境刺激的变量，发现在分享经济视角下旅游 P2P 住宿中三个变量对信任和感知风险变量的影响是不同的。具体而言，渠道相关因素、住宿相关因素和个人与房东因素对信任存在直接影响；渠道相关因素和个人与房东因素对感知风险有直接影响。渠道相关因素、住宿相关因素和个人与房东因素对信任有直接影响，支持了杨兴寿（2016）在对互联网环境下信用及信任机制进行的研究结果，也支持了 Gunasekaran 和 Anandkumarb 在 2012 年研究替代酒店住宿时，认为替代酒店住宿等利基市场日益普及的原因是更加挑剔和寻求差异的客户以及通信技术，在选择住宿行为时顾客与主人所进行的交流是重要的元素。渠道相关因素和个人与房东因素对感知风险有直接影响，这与前文的理论分析结果是一致的，但与现有理论发现有所不同的是，住宿相关因素对感知风险没有直接影响。这可能是因为分享经济环境下 P2P 住宿非常依赖第三方网站，几乎所有产品都在第三方网站上出售，第三方网站对于图片、描述和评论都有相对统一的标准和数量控制，如果存在蓄意发布虚假好评的行为就要付出高额的成本，这就大大降低了虚假描述，从而住宿相关因素对感知风险没有直接影响，但是渠道相关因素对感知风险影响显著。

5.1.3 详细论证了熟悉度和信任倾向对信任和行为意向所带来的不同影响

本书基于中国分享经济背景，对 497 个样本调查数据进行了验证，结果显示熟悉度和信任倾向在信任对 P2P 住宿选择行为意向的影响中发挥着重要的正向调节效应。这一结论在一定程度上支持了 Kim 和 Prabhakar（2004）的研究结果：人们在没有相互交往的经历之前，信任倾向高的人较容易对一种新技术或新服务产生信任。同样支持了方雅贤（2015）和陈蕾（2016）的观点，信任会随着熟悉程度不断变化，信任倾向是在信任研究中需要考虑的重要因素之一。与现有理论发现有所不同的是，本书的研究结合了分享经济和商业模式创新，检验了熟悉度和信任倾向在信任与行为意向的影响，发现它们都存在着正向调节作用影响。此外，熟悉度对于信任与行为意向的调节效应，相比信任倾向更加显著。这可能是因为 P2P 住宿是一种创新性的商业模式，几乎全部交易都是依靠网络进行，更需要良好的熟悉度参与沟通与购买。因此熟悉度越高，信任对选择行为意向的正向作用的影响越大，这种调节效应显著高于信任倾向的影响。从年龄对熟悉度的影响分析中发现，40 岁以上游客的熟悉度均值比较低，加强这一群体的熟悉度，会是提高 P2P 选择行为意向重要途径之一。

5.1.4 发现了不同人口统计特征给各个变量带来的显著差异

本书分别把性别、年龄、收入、教育程度和入住人数作为人口统计变量，分析对各变量的影响。研究发现，女性在渠道相关因素、住宿因素、个人与房东因素、信任和信任倾向上都要明显高于男性。说明女性更青睐网购，在旅行中更加看重住宿的质量和沟通，更容易使用新生事物和相信陌生人，从而可以认为女性将会是未来旅游 P2P 住宿的主要客源。在年龄方面，30 ～ 50 岁的群体对渠道因素、住宿因素、主客因素、信任、感知收益方面都有较高认同，但是随着年龄的增长，熟悉度越来越低，导致目前 P2P 住宿的消费者还是以年轻人为主。月收入方面，4000 ～ 6000 元月收入游客选择意愿最高，其次是月收入在 8000 元以上的游客，由此可以认为，P2P 住宿影响对高收入游客比低收入游客要强，并且大众也认可其是有一定质量的住宿方式。学历方面，大学学历（专科和本科）在各个变量的均值都高于其他教育程度的人群，说明 P2P 住宿的消费人群是有一定的教育文化水平的。住宿人数上，3 人出游时对于 P2P 住宿最感兴趣，人数越少选择意向越低。3 人和 4 人结伴的游客认为收益感知最大，普遍认为这种住宿还是有一定的优越性的，这正好也是中国普通家庭的人数体现，一家人出游或结伴出游认为 P2P 住宿更有优越性。综合以上分析，分享经济视角下旅游 P2P 住宿消费主力由两部分群体构成：具有强烈求知欲和猎奇心理的青年，以及消费能力强、消费观念先进的中青年精英。他们具有一定学历，普遍素质较高，随着消费不断升级，这一群体更加追求高质量服务；从性别和出行特征上看，P2P 住宿消费者一般以女性群体为主，通常和亲朋好友结伴出行。

5.1.5 明确了游客再次选择与各个研究变量之间的影响关系

体验过 P2P 住宿的游客，下一次旅游再次选择 P2P 住宿占 54.24%，说明 P2P 住宿是一种比较有质量、值得信赖的住宿方式，而且回头客比例相对较高。顾客流失不管是对于 P2P 住宿商业模式，还是传统酒店业来说，都是巨大的问题，切实有效地满足游客需要，增强信任和感知收益，减少感知风险是游客选择的关键因素。再次选择 P2P 住宿的游客在渠道相关因素、住宿相关因素、个人与房东相关因素、信任、信任倾向、感知风险、感知收益、熟悉度和选择行为意向 9 个变量全部都有显著差异，均值都高于选择酒店住宿的游客。由此可以看出游客对于 P2P 住宿提供的各种服务、质量以及相关渠道认可度很高，而且 P2P 住宿房东提供的各种服务以及营造的良好环境，能使游客愉快轻松地度过难忘的一段时间，处处都能感受到主人的用心和特色，这也是 P2P 住宿回头率高的因素之一。无论是住宿设施还是服务特色，P2P 住宿均具有良好的发展前景，市场发展空间较大。曾经有学者质疑 P2P 住宿商业模式是传统酒店业的一种补充和剩余选择，也就是说它是游客的次选或是偶尔尝试，但是从本书数据结果显示并非如此。结合调查问卷第一题如果没有 P2P 住宿，有 66.5% 的游客选择经济型酒店，26.2% 游客会选择中档酒店。由此可以认为，旅游 P2P 住宿对于酒店业是有一定冲击性的，特别是对于经济型酒店而言，是一个有力的竞争对手。

5.2 研究贡献与实践启示

5.2.1 研究贡献

本书从消费者行为学和心理学角度，探讨了分享经济视角下旅游 P2P 住宿商业模式对传统酒店业的影响，为 P2P 住宿商业模式提供了理论和事实依据，提高了传统酒店的应对措施和管理能力。本书创新之处主要体现在以下五个方面：

第一，构建了分享经济视角下影响旅游 P2P 住宿商业模式发展的模型。分享经济是最近几年才兴起的，而 P2P 住宿商业模式是一种新的商业模式，国内这方面的研究也初步形成。本书结合 ICT 理论、网络社会理论、破坏性创新理论、计划行为理论和 SOR 理论构建了影响 P2P 住宿商业模式发展的模型，并对其进行了全面的实证分析。该模型不仅关注影响游客行为意向的信任、感知风险、感知收益等传统变量，还关注影响外部环境、个人差异等因素，增强了模型的实用性，丰富和扩大了各个理论的研究领域。

第二，确定了影响旅游 P2P 住宿商业模式发展的主要因素。本书以酒店游客为研究对象，设立影响 P2P 住宿商业模式发展模型，将模型中的理论变量转化为可操作的观测变量，并利用多种统计方法实证检验模型，对前人的研究成果进行了验证。实证结果表明：游客 P2P 住宿行为意向形成机制受信任、感知风险和感知收益的直接影响；外部环境刺激对认知的影响机制与影响路径不同；熟悉度和信任倾向在信任对行为意向影响中具有调节效应；不同人口统计特征的游客群体对各个研究变量都存在显著差异；体验过 P2P 住宿的游客在再次选择住宿类型的过程机制和意向结果方面均存在显著差异。

第三，扩展了旅游领域信任、感知风险和感知收益的研究范畴。分享经济是旅游领域中面临的新环境，本书针对分享经济的住宿，进一步挖掘了信任、感知风险和感知收益的前因后果，补充了现有旅游领域研究的不足，丰富了旅游分享经济的相关成果。

第四，与已有的中国分享经济 P2P 住宿商业模式研究相比，本书更加系统和深入。目前在中国的分享经济 P2P 住宿商业模式研究中，定性研究比较多，实证研究比较少。本书针对分享经济自身的属性特征，深刻挖掘游客选择 P2P 住宿的影响因素，引入外部变量，探讨游客特征差异对行为意向的影响，其研究过程及研究结果组成了一个完整、翔实的行为机制分析框架。

第五，提出了 P2P 住宿商业模式自身发展及对传统酒店业的启示和建议。本书通过调节效应和结构方程模型分析结果，确定了 P2P 住宿商业模式发展的主要影响因素，结合国内外发展现状，有针对性地提出策略，如需要增加游客熟悉度，扩大渠道规模，拒绝同质化，为 P2P 住宿商业模式发展提供借鉴和参考。并且，根据研究结果提出了传统酒店业变革创新的策略。

5.2.2 实践启示

酒店业是旅游业发展的重要组成之一。酒店业的发展状况在一定程度上反映了一个地区经济社会发展的水平，是区域旅游业发展的重要标志。相比之下，P2P 住宿商业模式发展起步较晚，它是随着分享经济不断发展起来的。有学者认为，P2P 住宿是在相对较短的时间内出现的，利用分享经济概念的一种进入旅游和酒店市场的新兴住宿服务业务（Tussyadiah & Zach，2017）。本书是关于 P2P 住宿商业模式发展的系统性研究，揭示了分享经济下游客住宿类型选择过程中的影响机制，既为弥补目前关于 P2P 住宿商业模式理论研究的不足作出了一定程度上的贡献，又为后续相关研究提供了理论框架。同时在实践上，根据游客对 P2P 住宿商业模式的认知机理，探讨了其自身发展和对酒店业的启示。

（1）对旅游 P2P 住宿商业模式的启示

第一，注重扩大市场范围，增加熟悉度。

P2P 住宿商业模式与酒店业有着显著的差异化、低成本、与当地小区保持充分的联系和拥有独特体验等优势，使其备受欢迎。从本书结果显示，年轻人为主要消费群体，30 岁以下的占到了调查的 54%，但是回头率中年长者也有一定比例，所以 P2P 住宿并不只是年轻人的市场。因此增强年长者的信任和感知收益，会为 P2P 住宿带来更广阔和更高端的市场。同时研究结果也看到了信任倾向和熟悉度的调节，他们都可以正向提高游客的选择行为意向。特别是熟悉度，40 岁以上群体的熟悉度均值都没有达到平均水平，也就是说这部分人群对 P2P 住宿不是很熟悉，在渠道应用上经验也相对欠缺，因此影响了这部分人的选择行为意向。所以注重扩大市场范围，增加熟悉度是提高 P2P 住宿的重要途径之一。

第二，注重渠道相关因素，营销多样化。

P2P 住宿需要注重渠道相关因素，宣传和营销意识有待加强。如今的游客习惯于通过网络了解商品信息，同样顾客对旅游住宿信息也依靠网络获取。因而 P2P 住宿不能简单地靠几个短租平台，要借助于各类媒体，进一步丰富旅游门户网站的信息，做到及时更新，同时完善网上预定系统；借助新兴的媒体，比如微博、微信、朋友圈、网红主播等营销渠道，减少顾客获取信息的时间和精力。同时注重 P2P 住宿相关的网络美文和美图的推广，一段清新脱俗的文字，一段洋洋洒洒的游记，一张张格调优美的图片，会让人向往选择和认识这样的住宿。加强渠道传播，就是加强游客的信任和感知收益，从简单的提供住宿层面，提升到给游客创造一段难忘的经历层面上来。

第三，加深特色经营，拒绝同质化。

传统酒店只提供住宿和早餐服务，但这与未来的发展趋势不能吻合，无法满足消费者的多样化需求。而 P2P 住宿可以深入本地市场，拒绝同质化，与传统酒店相比更加注重人情味。例如，住宿时间比较灵活，可以随时与房主沟通，不会遇到酒店一到退房时间就必须走人的情况。P2P 住宿要特色鲜明，服务突出个性化、本土化和自主化。这样不仅能够给用户提供独具特色的居住生活条件，还可以提供深刻的本土化旅游体验。

第四，构建分享经济的信用体系。

在旅游 P2P 住宿商业模式发展研究中发现，分享经济的快速发展对社会信用体系的构建更加重视，也提出了新的要求。各相关渠道和有关部门应积极推进各类信息的无缝对接，打破信息孤岛，推动建立政府、个人和第三方的信息分享合作机制，建立健全信用评级手段等措施，健全相关主体的信用记录，形成以信任为核心的分享经济规范发展体系。

第五，降低风险，保障安全。

在旅游 P2P 住宿商业模式发展研究中发现，感知风险能够影响旅游的行为意向，而渠道相关因素对感知风险影响尤其重要。因此在旅游 P2P 住宿优化产品与服务的同时，要加强渠道与平台的安全保障。目前很多平台都通过布局智慧设备、加强人脸识别身份认证技术、信用认证和评论展示来进一步提升安全保障和入住体验。此外，还应建立双向保险，一方面引用信任，降低游客的安全风险，同时也要为房东提供财产保险，为房客提供人身意外保险，双向保证人身和财产的安全。

（2）对传统酒店业的启示

从本书结论看出，虽然 P2P 住宿商业模式只是对经济型酒店的冲击比较大，还不足以撼动整个酒店业，但随着时代发展，人们的观念势必有所转变，旅游 P2P 住宿会备受青睐。因此，应变而变，大胆创新，才是传统酒店业生存发展之道。

第一，提高特色产品，增强住宿相关因素。

酒店行业体现的最大特点是综合标准化。例如，如家酒店统一配备客房物品，简易的家电、房间颜色和布局一致等，以此来统一房屋设施标准。相对于酒店而言，P2P 住宿的灵活性特别突出，必要设施以及空间划分方面各有不同，个人风格突出，满足了当下人们个性化出行需求的新型居住方式。因此酒店可以增加个性化产品，以满足不同人群的不同需要。酒店可以整合产品，开发大规模定制产品项目，并由专人负责提供服务，如设计并提供蜜月度假、康养保健、亲子旅行等特色住宿产品项目，供顾客挑选，并有专人负责实施套餐项目内的特色服务。这样相比传统酒店，更能让游客真正了解旅游目的地、当地人生活习惯和风土人情，丰富旅行意义。

第二，提供定制服务，加强游客与酒店交流。

相对于传统酒店规范的服务系统和统一的服务效率来讲，P2P 住宿商业模式提供的服务更具定制性。因此，传统酒店还可以在确保管理服务质量的前提下，根据客源结构，确定不同类型客源需要，并结合顾客旅行安排和实际情况，提供诸如家庭厨房烹饪、烧烤野餐、门票预订等个性化服务。通过细致体贴的服务，使顾客体会到宾至如归。P2P 住宿商业模式与传统的酒店相比，不仅提供了更多样化的房源，更为游客提供了真切的当地体验以及与房东产生个人联系，即人际交往的需求，这种小区参与方式使得这种新型的商业模式有着独特的吸引力。对于游客来说，入住特色的房屋，得到新鲜的当地信息，也是旅游过程中的收获。所以传统酒店业需要整合交流方式，增强交流的互动性与贯通性。将互动交流引入旅游服务中，用独特文化和情怀，为旅客营造一种人与人、人与自然和谐相处的美好氛围。

第三，注重扩大市场，销售针对化。

选择 P2P 住宿的主要消费者为具有强烈求知欲和猎奇心理的青年，以及消费能力强、消费观念先进的中青年精英。这一群体具有一定学历，普遍素质较高，随着消费不断升级，这一群体会更加追求高质量服务；从性别和出行特征上看，P2P 住宿消费者一般以女性群体为主，通常和亲朋好友结伴出行。针对以上目标人群，酒店可以以新的理念、新的服务和新的文化，有针对性地充分满足这部分客源市场的需求。以为游客留下极为深刻的印象和值得留恋的美妙时光为目的，采用个性化的营销，真正抓住顾客心理，更加注重人文气息。

第四，注重渠道多元化。

通过本书发现，渠道相关因素是影响游客选择意向的非常重要的外部环境刺激因素。酒店必须以创新和变革去适应个性化和多元化需求的发展，增加渠道种类，提高渠道的关注度和美誉度，构建全渠道销售平台。渠道的多元化不再只是简单地显示内容给游客，还要时时与消费者交流。这种交流不仅紧跟现代不断发展的技术，更是需要融入多样化的生活方式。酒店可以通过对渠道的选择、组合和整合，让游客持续不断获取良好的客户体验。

总之，酒店业应不断壮大自身优势，形成规模经营，做好市场细分和定位，引进全新的管理技术和模式，这样才能在市场竞争中立于不败之地。

5.3 研究局限和展望

5.3.1 研究局限

虽然本书以游客的行为意向相关方法论为指导，在广泛涉猎国内外现有研究成果的基础上获得了一些有价值的结论和建议。但是，本书也同样受限于各种主客观原因及约束条件，具有一定局限性。本书有以下几个方面的限制：

（1）研究样本的局限性

此次研究的调查对象设计的是中国北戴河旅游度假区范围，因为考虑它是个典型的旅游地区，旅游资源比较丰富，毗邻北京市和天津市，周边人口比例大，抽样方法为滚雪球式抽样和立意抽样，因而问卷的回收量会比较多，样本的可控性较强，但样本的代表性具有一定的局限性。其中，立意抽样受研究者主观判断的偏差较大，即使本书对于旅游分享经济的基本特征掌握得较为充分，但仍不能完全避免主观倾向的偏差；而滚雪球抽样由于是本书先对一批容易接触具备研究特征的人进行培训，并委托他们将问卷发放给其身边合格的调查对象，这种抽样方式的弊端是会造成部分委托者会自行填写问卷，导致问卷之间的相似度增大，因此存在一定研究误差。进一步的研究将取消或减少滚雪球抽样的占比，力求尽可能地减少误差。

（2）测量变量和量表的局限性

由于行为意向与行为是两个有本质区别的概念，消费者行为意向仅仅指的是消费者某种行为发生的倾向或可能性，从行为意向到行为还要经过比较复杂的过程，存在偶发性因素对个体的影响。鉴于问题研究的现实性，本书没有将研究目标直接聚焦于行为，而是致力于研究行为意向的形成机制，可以为进一步研究旅游行为奠定基础。同时，对于各个变量的量表选择，本书所有变量的量表均借鉴和参考管理学中现有研究成果中的成熟量表，虽然在量表选取上尽量选取符合旅游业行业特性的量表，但考虑内容并非针对分享经济旅游业。并且，由于大部分量表都是以国外的理论研究为背景，虽然在问卷设计时已经根据中文措辞进行了适当的修改，但其文化背景与产业情境还是与我国的旅游环境有一定差异。因此，进一步的研究将考虑开发中国分享经济旅游环境下的各变量对性的量表。

（3）研究层面的局限性

本书主要从旅游者层面出发，研究对游客选择住宿意向产生的影响，但是影响因素和行为意愿是双向的。本书拟构建的模型从旅游者层面出发选取调研资料，没有研究经营者的影响因素。因此，进一步的研究将把影响因素从旅游者层面延伸到经营者层面，考虑互动的作用机制和作用结果。

（4）研究边界的局限性

主要表现为只分析了信任对其前因和后果的作用机制，以及信任、感知风险和收益三种因素对游客选择意图的影响，而没有具体分析各影响因素的权重。研究边界的局限性在某种意义上限制了本书成果在现实中的应用价值。且本书只是区域性研究，调查区域为北戴河旅游度假区，虽然是典型的旅游目的地，但是不同地域下的旅游环境、居民生活水平、文化和市场竞争都不尽相同，因此导致研究结果的适用性具有一定的局限，并不反映整个中国社会的情况。

5.3.2 研究展望

首先，本书的主要目标是研究分享经济视角下旅游 P2P 住宿行为意向形成机制，而非实际的旅游行为，行为除了受到意向影响之外，还会受到其他许多偶发性因素的影响。行为的研究除了研究变量设置不同之外，对资料的类型要求也不相同，深入的研究需要进行同目标的追踪调查。另外，随着外部环境和研究对象的变化，旅游行为意向影响因素的重要性程度也在相应变化，各影响因素的权重可以随着不同类型旅游行为意向相关数据的分析而确定。因此，今后可以通过数据分析在各类旅游行为形成机制及各影响因素权重确定方面进一步探讨和研究。

其次，深入分析相关变量。影响旅游行为意向和旅游行为的各相关变量的构成维度是比较复杂的，国内外对相关变量进行过具体研究，在相关变量对旅游行为意向影响的过程中，不同维度的作用机制是不一样的。因此对变量的深入分析可以对变量内部结构在旅游行为意向和旅游行为形成机制中的不同表现有更加清晰的认识，这是本书未来深入研究的一个方向。

最后，P2P 住宿商业模式是一个新兴商业模式，其成长本身需要一个时间过程，而酒店业时间较长，有成熟的经营方式。本书只从游客选择行为意向角度作了影响分析。后期可以采用不同案例、多角度进行纵深比较研究。这样一方面可以进一步验证理论框架，另一方面，也可以了解运营机制的差异性，使研究更加深化。

参 考 文 献

中文参考文献

[1] 陈蕾.社会化电子商务环境下消费者信任的建立与评价研究[D].北京：中国农业大学，2016：66.

[2] 陈劲.社会资本与技术创新[M].杭州：浙江大学出版社，2002：102-125.

[3] 陈胜可.SPSS统计分析从入门到精通[M].北京：清华大学出版社， 2010：227.

[4] 陈希，刘佳杰，韩冬.医疗旅游产品消费的影响因素研究——基于浙江、安徽、江西、江苏、湖北五省的数据分析[J]. 旅游论坛，2019，12（1）：41-50.

[5] 陈希，刘佳杰，钱婧.基于网络文本内容分析的民族文化实景演出游客感知研究——以《印象丽江》为例[J].当代旅游，2017（9）：72-81.

[6] 陈彦如.食品网购行为意愿影响的实证研究——以结构方程模型为基础[J].西南交通大学学报（社会科学版）2014（15）：122.

[7] 曹丹.论共享经济对旅游业发展的影响及其应对[J]. 四川师范大学学报（社会科学版），2017（44）：56-66.

[8] 杜文才.旅游管理信息系统[M].北京：清华大学出版社，2010：26.

[9] 杜文才.网络操作系统[M].北京：清华大学出版社，2013：15.

[10] 杜文才.休闲湖泊发展需高度重视生态保护[J].小康，2017，325（32）：72.

[11] 杜文才，常颖，杜锋.实用旅游电子商务[M].北京：对外经济贸易大学出版社，2009：7.

[12] 马书刚，李钢，颜鹏.B2C电子商务中信任问题与对策研究[J]. 科技经济市场，2007（5）：120-121.

[13] 莫燕林，史小珍，马丽卿.共享经济背景下的民宿发展对策研究[J].江苏商论，2017（2）：20-24.

[14] 毛剑梅，锁箭.互联网背景下旅游产业的演化与发展：技术驱动视角[J]. 当

代经济管理，2017（10）：55-62.
[15] 曼纽尔•卡斯特.网络社会的崛起[M]. 夏铸九，等译.北京：社会科学文献出版社，2011：33.
[16] 孟魁.虚拟社区环境下信任机制的研究[D].上海：复旦大学，2006：136.
[17] 菲利浦・科特勒，张强. 未来营销渠道的职能与发展[J].成都大学学报（社会科学版）1995（1）：39-46.
[18] 范莉雯. 大学生参与生态旅游行为意向之研究——以东海大学学生为例[D]. 桃园：元智大学，2002：57.
[19] 方雅贤. 国家—目的地形象对目的地信任和行为意向的影响研究[D]. 大连：东北财经大学，2015：35-37.
[20] 付玉秀. 创业投资的风险管理机制研究[D]. 杭州：浙江大学，2003：49.
[21] 刁志波. 基于信息技术的休闲问题研究[J]. 哈尔滨商业大学学报（社会科学版），2013（5）：125-130.
[22] 董大海，李广辉，杨毅.消费者网上购物感知风险构面研究[J].管理学报，2005，2（1）：55-60.
[23] 陶晓波.网络环境下消费者信任影响因素研究——以产品类型为调节变量[J].技术经济与管理研究，2011（2）：51-56.
[24] 赖胜强.基于SOR模式的口碑效应研究[D]. 成都：西南财经大学，2010：78-81.
[25] 娄阳，李庆雷，赵红梅，等.云南省旅游景区经营绩效提升策略研究[J]. 资源开发与市场，2017（2）：244-248.
[26] 李宝玲，李琪.网上消费者的感知风险及其来源分析[J]. 经济管理，2007（2）：78-83.
[27] 李华敏. 乡村旅游行为意向形成机制研究[D].杭州：浙江大学，2007：111.
[28] 李金阳.基于关系互动的微博营销对消费者行为意愿的影响研究[D].武汉：武汉大学，2013：132.
[29] 李沁芳.电子商务用户信任影响因素建模及实证研究[D].上海：同济大学，2008：212.
[30] 李庆雷，娄阳.旅游共享经济的十个特征[J].党政视野，2016（7）：34-35.
[31] 李庆雷，蒋冰.国外旅游分享经济的发展及其启示[J].中国旅游，2016

（4）：13-14.
[32] 李昕. 旅游管理学[M]. 北京：中国旅游出版社，2012：121.
[33] 刘根荣. 共享经济：传统经济模式的颠覆者[J]. 经济学家，2017（5）：97-104.
[34] 刘佳杰，陈希.分享经济对旅游业的影响研究——以秦皇岛旅游住宿业为例[J]. 天津商务职业学院学报，2019（4）：43-48.
[35] 刘晓明.企业风险管理评价体系研究——以电网企业为例[J]. 现代经济信息，2010（12）：36.
[36] 凌超，张赞. “分享经济”在中国的发展路径研究——以在线短租为例[J]. 现代管理科学，2014（10）：55-56.
[37] 卢东，刘懿德，Ivan K W Lai，等.分享经济下的协同消费：占有还是使用?[J]. 外国经济与管理，2018，40（8）：125-140.
[38] 罗云丽.旅游共享经济的基本特征、运行机制与发展对策[J]. 商业时代，2016（14）：174-176.
[39] 高东.2018年中国互联网行业发展趋势和投资机会展望[J].中国经济周刊，2018（6）：60-61.
[40] 高海霞.消费者的感知风险及减少风险行为研究[D].杭州：浙江大学，2003：86.
[41] 郭泙. “互联网+”成为产业发展新常态的思考[J]. 现代经济信息，2016（25）：349-350.
[42] 郭政.后发企业破坏性创新的机理与路径研究[D].上海：上海交通大学，2007：149.
[43] 国家信息中心课题组.分享经济：全球态势和中国概览——中国分享经济发展报告（2016）要点[J]. 浙江经济，2016（6）：5-25.
[44] 国家信息中心.中国分享经济发展报告2017[J].环境经济，2017（4）：20-91.
[45] 国家信息中心.中国分享经济发展年度报告（2018）[J].中国经济信息，2018（5）：2-69.
[46] 克里斯·库珀，约翰·弗莱彻，大卫·吉尔伯特，等.旅游学：原理与实践[M].2版.张俐俐，等译.北京：高等教育出版社，2004：26.

[47] 何烨. 马克思的公平正义观与共享发展理念的实现[D].武汉：湖北省社会科学院，2017：88.

[48] 胡慎之.为什么国人如此热衷买房子?[J]. 中华建设，2016（7）：32-33.

[49] 许博，邵兵家，杨海峰.C2C电子商务感知风险影响因素的实验研究[J]. 软科学，2010，24（7）：125-128.

[50] 季丹，郭政.破坏性创新：概念、比较与识别[J]. 经济与管理，2009，23（5）：16-20.

[51] 杰里米·里夫金. 走向物联网和共享经济[J]. 企业研究，2015（2）：14-21.

[52] 简迎辉，聂晶晶.网络促销环境下消费者感知风险维度研究[J]. 武汉理工大学学报（信息与管理工程版）2015，37（4）：476.

[53] 井淼，周颖，吕巍.互联网购物环境下的消费者感知风险维度[J]. 上海交通大学学报，2006，40（4）：607-610.

[54] 井淼，周颖，王方华.网上购物感知风险的实证研究[J]. 系统管理学报，2007（2）：110-112.

[55] 匿名.短租消费群体哑铃状分布 民宿体验者为何非贫即富？[EB/OL].（2016-02-06）[2019-04-28].http：//www.dotour.cn/article/21208.html.

[56] 匿名.小猪短租发布年中数据报告[EB/OL].（2018-05-06） [2019-04-28]. https：//baijiahao.baidu.com/s?id=1606852099591469494&wfr=spider&for=pcl.

[57] 谢婷.顾客选择入住绿色饭店的行为意向研究——基于计划行为理论角度[J]. 旅游学刊，2016，31（6）：94-103.

[58] 谢礼珊，李健仪.导游服务质量、游客信任感与游客行为意向关系研究[J]. 旅游科学，2007，27（4）：47-52，82.

[59] 谢礼珊，韩小芸，顾赟.服务公平性、服务质量、组织形象对游客行为意向的影响——基于博物馆服务的实证研究[J].旅游学刊，2007，22（12）：51-58.

[60] 肖爽.我国免费报纸发展现状及策略研究[D]. 北京：中国人民大学，2010：51.

[61] 于丹，董大海，金玉芳，等. 基于消费者视角的网上购物感知风险研究[C]//中国市场学会2006年年会暨第四次全国会员代表大会论文集，北京：2006.

[62] 于坤章，俞赟芳，陈琳. 善因营销成效的影响因素探析[J]. 湖南大学学报：

社会科学版，2009（2）：55-59.

[63] 于坤章，宋泽.信任、TAM与网络购买行为关系研究[J]. 财经理论与实践，2005，26（5）：119-123.

[64] 孙哲.共享经济时代来了![J]. 互联网经济，2016（z1）：66.

[65] 熊彼特，邹建平.经济发展理论[M]. 北京：中国画报出版社，2012：272.

[66] 熊焰，李阳.基于技术接受模型的电子商务信任实证研究[J]. 北京工商大学学报（社会科学版），2008（5）：36-40.

[67] 赵明. 基于行为意向的环境解说系统使用机制研究[D].福州：福建师范大学，2010：166.

[68] 赵冬梅，纪淑娴.信任和感知风险对消费者网络购买意愿的实证研究[J]. 数理统计与管理，2010（2）：119-128.

[69] 赵冬梅.财务风险控制导向下企业内部控制研究[J]. 财会通讯，2010（2）：99-100.

[70] 赵嘉怡.共享经济冲撞现实的困境[J]. 中外管理，2015（10）：56-57.

[71] 赵致萱.酒店管理专业实习过程中的管理探讨[J]. 教育现代化，2017，4（5）：129-130.

[72] 张凌云.智慧旅游：个性化定制和智能化公共服务时代的来临[J]. 旅游学刊，2012，27（2）：3-5.

[73] 张红涛，王二平.态度与行为关系研究现状及发展趋势[J]. 心理科学进展，2007，15（1）：163-168.

[74] 张汉鹏，陈冬宇，王秀国.基于网站和卖家的C2C消费者购买意愿模型：感知收益与风险的转移[J].数理统计与管理，2013，32（4）：718-726.

[75] 张均忆.创用C2C对于社群网站中的知识分享经验之研究[D].桃园：元智大学，2012：77.

[76] 张枢盛，陈继祥.颠覆性创新演进、机理及路径选择研究[J]. 商业经济与管理，2013（5）：39-48.

[77] 张影强.分享经济是中国发展新趋势[J]. 经济研究参考，2017（24）：12.

[78] 郑红霞.基于“共享经济”视角的旅游业O2O商业模式研究[J].现代经济信息，2016（1）：348，362.

[79] 郑扬扬.我国P2P平台的角色定位与治理研究[D]. 杭州：浙江大学，2016：

159.

[80] 朱俊.网络团购感知风险的影响因素研究[D].杭州：浙江财经学院， 2012：229.

[81] 沈祥.国内用户使用移动广告行为意向的实证研究[D].合肥：中国科学技术大学，2008：310.

[82] 褚国飞.文化智商：全球化时代的“软实力”[J].党政干部参考，2014（18）：14.

[83] 曾玉梅.公民社会与网络社会两种理论路径下网络社会交往的结构分析[D].武汉：武汉大学，2010：141

[84] 岑成德，钟煜维.消费情感对感知风险和行为意向的影响[J].上海管理科学，2011， 33（2）：44-50.

[85] 三浦展.第4消费时代[M].马奈，译.北京：东方出版社， 2014：56.

[86] 宋建元.成熟型大企业开展破坏性创新的机理与途径研究[D]. 杭州：浙江大学， 2006：93

[87] 益言.分享经济发展简介[J].金融会计， 2005（12）：39-43.

[88] 佚名.中国在线旅游行业年度监测报告[R].北京：艾瑞咨询系列研究报告，2017（7）.

[89] 闫杉.旅游景区微博营销对游客行为意向的影响研究[D].天津：天津财经大学，2015：101.

[90] 尹世久.电子商务概论[M]. 北京：机械工业出版社， 2008：147.

[91] 杨德进，徐虹.互联网新动能激发旅游业七大战略性变革[J]. 旅游学刊，2016（5）：1-3.

[92] 杨杰，胡平，苑炳慧.熟悉度对旅游形象感知行为影响研究——以重庆市民对上海旅游形象感知为例[J].旅游学刊，2009，24（4）：56-60.

[93] 杨进广.网上购物感知风险研究[D]. 成都：西南交通大学，2013：45.

[94] 杨青.消费者网络信任与网上支付风险感知实证研究[J].统计研究，2011，28（10）： 89-97.

[95] 杨青等，钱新华，庞川.消费者网络信任与网上支付风险感知实证研究[J].统计研究，2011，28（10）：89-97.

[96] 杨庆.消费者对网络商店的信任及信任传递的研究[D]. 上海：复旦大学，

2005：33.

[97] 杨兴寿.电子商务环境下的信用和信任机制研究[D].北京：对外经济贸易大学，2016：112.

[98] 杨成，杜文才.社会网络中的社区挖掘算法研究[J]. 海南大学学报）（自然科学版），2016，34（3）：237-242.

[99] 杨书培.中国分享经济发展的必要条件及可持续发展性[J]. 中国集体经济，2015（13）：20-22.

[100] 于丹.品牌购买理论（TBP）研究——理性行为理论（TRA）在品牌购买情境下的深化与拓展[D].大连：大连理工大学，2007：111.

[101] 于红.网络团购消费者感知风险维度研究[D]. 石家庄：石家庄铁道大学，2013：77.

[102] 魏明侠，夏雨，程梦来，等.基于系统仿真的网上信用风险感知及其影响因素研究[J].管理学报，2014（2）：221-222.

[103] 魏小安、蒋曦宁.中国旅游发展新常态、新战略[M]. 北京：中国旅游出版社，2016：105

[104] 魏小安，让闲置资源流动起来是分享经济的根本[J].旅游世界， 2016（11）：45-45.

[105] 温忠麟.调节效应和中介效应分析[M].北京：教育科学出版社， 2012：311.

[106] 温忠麟，张雷，侯杰泰，等.中介效应检验程序及其应用[J]. 心理学报，2004（5）：614-620.

[107] 文史哲，许剑铭."共享经济"：消费领域新革命[J]. 经济参考，2013（7）：2-6.

[108] 王全胜，韩顺平，陈传明.西方消费者渠道选择行为研究评析[J]. 南京社会科学，2009（7）：32-36.

[109] 王晰巍，李师萌，王楠阿雪，等.新媒体环境下用户信息交互意愿影响因素与实证——以汽车新媒体为例[J]. 图书情报工作，2017（15）：15-24.

[110] 王昭.数据挖掘在电子政务中的应用[J].河北联合大学学报（自然科学版），2013，35（2）：78-79，151.

[111] 王政军，崔永聪，刘真.基于共享经济下的短租住宿产品问题研究[J]. 旅游纵览月刊，2016（1）：33-34.

[112] 王亚峰.信息技术对旅游者消费行为影响的研究[J]. 内蒙古大学学报（哲学社会科学版），2010，42（2）：102-106.

[113] 王亚卓.双渠道顾客消费行为研究[D].济南：山东大学，2011：210.

[114] 王文慧.互联网时代共享住宿产品的问题研究[J].中国商论，2016（32）：144-145.

[115] 吴明隆.SPSS统计应用实务[M].北京：中国铁道出版社，1999：339.

[116] 吴明隆.问卷统计分析实务：SPSS操作与应用[M].重庆：重庆大学出版社，2010：356.

英文参考文献

[1] Abramova Olga, Shavanova Tetiana, Fuhrer Andrea,etal Understanding the Sharing Economy: The Role of Response to Negative Reviews in the Peer-to-peer Accommodation Sharing Network[J]. Effecrts of Respones to Negative Reviews in the Sharing Economy,2015, 22:1-14.

[2] Kotler A P. Fundamental Issues and Directions for Marketing-Marketing in the Network Economy[J]. Journal of Marketing, 1999, 63:146-163.

[3] Ajzen I. The theory of planned behavior[J]. Organizational Behavior & Human Decision Processes, 1991, 50(2):179–211.

[4] Ajzen I. From intentions to actions[J]. Attitudes Personality & Behavior, 1988, 20:22-36.

[5] Alba J , Lynch J , Weitz B , et al. Interactive Home Shopping: Consumer, Retailer, and Manufacturer Incentives to Participate in Electronic Marketplaces[J]. Journal of Marketing, 1997, 61(3):38-53.

[6] Almousa M. Perceived Risk in Apparel Online Shopping: A Multi Dimensional Perspective[J]. Canadian Social Science, 2011, 7(2):23-37.

[7] Anderson J C , Gerbing D W . Structural equation modeling in practice: A

review and recommended two-step approach.[J]. Psychological Bulletin, 1988, 103(3):411-423.

[8] Ayeh J K , Au N , Law R . "Do We Believe in TripAdvisor?" Examining Credibility Perceptions and Online Travelers' Attitude toward Using User-Generated Content[J]. Journal of Travel Research, 2013, 52(4):437-452.

[9] Au N, Ngai E W &, Cheng T E. Extending The Understanding Of End User Information Systems Satisfaction Formation: An Equitable Needs Fulfillment Model Approach[J]. MIS Quarterly, 2008, 5: 43-66.

[10] Bachmann, Rüdiger, Bayer C . "Wait-and-See" business cycles?[J]. Journal of Monetary Economics, 2013, 60(6):704-719.

[11] Bagozzi R P , Nataraajan R . The year 2000: Looking forward[J]. Psychology & Marketing, 2000, 17(1):1-11.

[12] Balck B , Cracau D . Empirical analysis of customer motives in the shareconomy: a cross-sectoral comparison[J]. FEMM Working Papers, 2015, 5(27):87-102.

[13] Baloglu S. An Investigation of a Loyalty Typology and the Multidestination Loyalty of International Travelers[J]. Tourism Analysis, 2001, 6(1):41-52.

[14] Bardhi F, G M Eckhardt. Access-Based Consumption: The Case Of Car Sharing[J]. Journal of Consumer Research, 2012, 39 (4): 98-112.

[15] Becken S , Gnoth J . Tourist consumption systems among overseas visitors: Reporting on American, German, and Australian visitors to New Zealand[J]. Tourism Management, 2004, 25(3):375-385.

[16] Belk R . You are what you can access: Sharing and collaborative consumption online[J]. Journal of Business Research, 2014, 67(8):1595-1600.

[17] Bhatnagar A , Misra S , Rao H R . On risk, convenience, and Internet shopping behavior[J]. Communications of the ACM, 2000, 43(11):98-105.

[18] Bhattacherjee A . Individual Trust in Online Firms: Scale Development and Initial Test[J]. Journal of management information systems, 2002, 19(1):211-241.

[19] Bitner M J. Servicescapes: The Impact of Physical Surroundings on Customers and Employees[J]. The Journal of Marketing, 1992(7):57-71.

[20] Boswijk Albert. Transforming Business Value through Digitalized Networks: A

Case Study on the Value Drivers of Airbnb[J]. Journal of Creating Value, 2017, 3(1):104-114.

[21] Botsman R. The Sharing Economy Lacks A Shared Definition[J]. Management Decision,2013(21): 113-127.

[22] Manuel Castells. Rise of the Network Society: The Information Age: Economy, Society and Culture[M]. London:Blackwell Publishers Inc, 1996:33-45.

[23] Chandon P , Wansink B , Laurent G . A Benefit Congruency Framework of Sales Promotion Effectiveness[J]. Journal of Marketing, 2000, 64(4):65-81.

[24] Chen C, S Lee, H W Stevenson.Response Style And Cross-Cultural Comparisons Of Rating Scales Among East Asian And North American Students [J]. Psychological Science, 1995,65(2), 1211-1237.

[25] Chen L, Lee H L. Information Sharing and Order Variability Control under A Generalized Demand Model.[J].Management Science, 2009,55(5), 781-797.

[26] Chen Y U . Possession And Access: Consumer Desires And Value Perceptions Regarding Contemporary Art Collection And Exhibit Visits[J]. Journal of Consumer Research, 2009, 35(6):925-940.

[27] Chen Yu - Shan, Chang Ching - Hsun. Enhance green purchase intentions[J]. Management Decision, 2012, 50(3):502-520.

[28] Cheng Mingming. Sharing economy: A review and agenda for future research[J]. International Journal of Hospitality Management, 2016(57):60-70.

[29] Cheng S, Lam T, Hsu C H C.Negative Word- Of- Mouth Communication Intention: An Application Of The Theory Of Planned Behavior.[J]. Journal Of Hospitality & Tourism Research, 2006. 30(1): 95-116.

[30] Christensen C M . Assessing your organization's innovation capabilities[J]. Leader to Leader, 2001, 21(21):27-37.

[31] Christensen C M . The Ongoing Process of Building a Theory of Disruption[J]. Journal of Product Innovation Management, 2005, 23(1):39-55.

[32] Christensen C M, Raynor M E, Anthony S D. Six Keys To Building New Markets By Unleashing Disruptive Innovation[J]. Harvard Management. EEUU, 2003(10): 55-82.

[33] Christensen, Clayton M. The rigid disk drive industry: A history of commercial and technological turbulence.[J]. Business History Review, 1994, 67(4) : 497-588.

[34] Christensen J F S.Innovative Assets And Inter-Asset Linkages—A Resource-Based Approach To Innovation[J]. Economics of Innovation & New Technology, 1996, 4(3):193-210.

[35] Christensen J L. Financing Innovation[J]. Innovation Systems in Europe,1997, 3(3): 28-35.

[36] Clark L A , Watson D . Constructing validity: Basic issues in objective scale development.[J]. Psychological Assessment, 1995, 7(3):309-319.

[37] Cohen B , Kietzmann J . Ride On! Mobility Business Models for the Sharing Economy[J]. Organization & Environment, 2014, 27(3):279-296.

[38] Conner M , Armitage C J . Extending the Theory of Planned Behavior: A Review and Avenues for Further Research[J]. Journal of Applied Social Psychology, 1998, 28(15):117-129.

[39] Conner M, Abraham C . Conscientiousness and the Theory of Planned Behavior: Toward a more Complete Model of the Antecedents of Intentions and Behavior[J]. Personality & Social Psychology Bulletin, 2001, 27(11):1547-1561.

[40] Correia A, Santos C M, Barros C P. Tourism in Latin America A Choice Analysis[J]. annals of tourism research, 2007, 34(3):610-629.

[41] Corsi S, Di Minin A. Disruptive Innovation. in Reverse: Adding a Geographical Dimension to Disruptive Innovation Theory[J]. Creativity and innovation management, 2014, 23(1):76-90.

[42] Courneya K S . Predicting Repeated Behavior from Intention: The Issue of Scale Correspondence[J]. Journal of Applied Social Psychology, 1994, 24(7):580-594.

[43] Cox D F. Risk Taking and Information Handling in Consumer Behavior[J]. Management Science, 1967, 12(1): 99-121.

[44] Cunningham L F , Gerlach J , Harper M D , et al. Perceived Risk for Multiple Services in the Consumer Buying Cycle[J]. International Journal of Information Systems in the Service Sector, 2005, 10(2):165-178.

[45] Cunningham M. S. The Major Dimensions of Perceived Risk. Risk Taking and Information Handling In Consumer Behavior, 1967(11): 27-47.

[46] Da Costa Nogami V Kaki, Veloso,et al. Disruptive innovation in low-income contexts: challenges and state-of-the-art national research in marketing[J]. RAI Revista De Administração E Inovação, 2017, 14(2):162-167.

[47] Davis F. Perceived Usefulness, Perceived Ease Of Use, And User Acceptance Of Information Technology[J]. MIS Quarterly, 1989, 13(3):319- 341

[48] ST.Ennett,Devellis B M, J Anne Earp,et al.Disease Experience And Psychosocial Adjustment In Children With Juvenile Rheumatoid Arthritis: Children's Versus Mothers' Reports[J]. Journal of Pediatric Psychology, 1991, 16(5):557-568.

[49] Dornier R , Selmi N , Teare R . Peer-to-peer accommodation and sustainability in mountain areas[J]. Worldwide Hospitality & Tourism Themes, 2018,10(2):259-266.

[50] Dowling G R, Staelin R. A Model of Perceived Risk and Intended Risk-Handling Activity[J]. J Consum Res, 1994, 21(1):119-134.

[51] Dredge D, GyimÓThy S.The collaborative economy and tourism: Critical perspectives, questionable claims and silenced voices[J]. Tourism Recreation Research, 2015, 40(3):286-302.

[52] Easley D W. An Exploratory Study On Perceived Risk, Benefits, And Online Buying Behavior From A Cross-Cultural Perspective[D]. Minneapolis: Capella University, 2016:117-121.

[53] Ebel R, Frisbie D. Essentials of Educational Measurement[M]. Beijing: Prentice-Hall,Inc, 1991:42.

[54] Edelman B, Luca M, Svirsky D. Racial Discrimination in the Sharing Economy: Evidence from a Field Experiment[J]. American Economic Journal Applied Economics, 2017, 9(2):1-22.

[55] Eroglu S A, Machleit K A, Davis L M. Atmospheric qualities of online retailing: A conceptual model and implications[J]. Journal of Business Research, 2001, 54(2):177-184.

[56] Ert E , Fleischer A , Magen N. Trust and reputation in the sharing economy: The

role of personal photos in Airbnb[J]. Tourism management, 2016, 55:62-73.

[57] Fang B, Ye Q, Law R. Effect of sharing economy on tourism industry employment[J]. Annals of Tourism Research, 2016, 57: 264-267.

[58] Featherman M S, Pavlou P A. Predicting E-Services Adoption: A Perceived Risk Facets Perspective[J]. International Journal of Human Computer Studies, 2003, 59(4):451-474.

[59] Felländer A, Ingram C, Teigland R. Sharing Economy–Embracing Change with Caution[J]. In Näringspolitiskt Forum Rapport , 2015, 11:22-35.

[60] Felson M , Spaeth J L . Community structure and collaborative consumption[J]. American Behavioral Scientist, 1978, 21(4):614-624.

[61] Fernandez F L. DARPA' s Role in Radical Innovation[J]. Johns Hopkins Apl Technical Digest, 1999, 20(3):250-252.

[62] Field, Andy. Discovering Statistics Using IBM SPSS Statistics[M]. Los Angeles: Sage Publications Ltd, 2013:155-159.

[63] Fischhoff B . Risk Perception and Communication Unplugged: Twenty Years of Process[J]. Risk Analysis An Official Publication of the Society for Risk Analysis, 1995, 15(2):137-145.

[64] Fishbein, M. Readings in attitude theory and measurement.[M]. New York: Wiley Press, 1967:22-33

[65] Fishbein M, Ajzen I. Predicting and Changing Behavior: The Reasoned Action Approach[M]. London: Macmillan, 2011:32.

[66] Fishbein M,Ajzen I. Belief, Attitude, Intention, And Behavior - An Introduction To Theory And Research Reading[M]. Massachusetts: Addison Wesley Publishing Company, 1975:26-29.

[67] Fishbein M , Ajzen I . Predicting and Changing Behavior: The Reasoned Action Approach[M]. New York: Psychology Press, 2010:66.

[68] FlaviÁN C, GuinalÍU M. Consumer Trust, Perceived Security and Privacy Policy: Three Basic Elements Of Loyalty To A Web Site[J]. Industrial Management & Data Systems, 2006, 106(5):601-620.

[69] Fodness D, Murray B. A Model of Tourist Information Search Behavior[J].

Journal of Travel Research, 1999, 37(3):220-230.

[70] Forno F, Garibaldi R. My House Is Yours. Motivations And Characteristics Of Tourists In The Sharing Economy[J]. In Proceedings of the 2nd International Workshop On The Sharing Economy, 2016, 15(2):28-29.

[71] Forsythe S M, Shi B. Consumer Patronage and Risk Perceptions in Internet Shopping[J]. Journal of Business Research, 2003, 56(11):867-875.

[72] Frenken K, Meelen T, Arets M, et al. Smarter Regulation for the Sharing Economy[J]. The Guardian, 2015(20):55-67.

[73] Gansky L.The Mesh: Why the Future of Business Is Sharing[M]. New York: Portfolio Trade, 2010:171.

[74] Gatchel R J, Polatin, P B, Mayer T G. The Dominant Role of Psychosocial Risk Factors in The Development of Chronic Low Back Pain Disability[J]. Spine, 1995, 20(24):2702-2709.

[75] Gefen D. E-commerce: The role of familiarity and trust[J]. Omega, 2000, 28(6):725-737.

[76] Gefen David. Reflections on the dimensions of trust and trustworthiness among online consumers[J]. Acm sigmis database, 2002, 33(3):38-53.

[77] Gefen D, Karahanna E, Straub D W. Trust and TAM in online shopping: an integrated model[M]. New York: Society for Information Management and The Management Information Systems Research Center, 2003:221.

[78] Gopalakrishnan S, Bierly P. Analyzing Innovation Adoption Using A Knowledge-Based Approach[J].Journal of Engineering and Technology Management, 2001, 18(2):107-130.

[79] Gunasekaran N, Anandkumar V. Factors of Influence in Choosing Alternative Accommodation:A Study with Reference to Pondicherry, A Coastal Heritage Town[J]. Procedia Social & Behavioral Sciences, 2012, 62:1127-1132.

[80] Gupta A, Su B C, Walter Z. An empirical study of consumer switching from traditional to electronic channels: A purchase-decision process perspective[J]. International Journal of Electronic Commerce, 2004, 8(3):131-161.

[81] Gupta A, Su B C, Walter Z. Risk profile and consumer shopping behavior

in electronic and traditional channels[J]. Decision Support Systems, 2004, 38(3):347-367.

[82] Guttentag D. Airbnb: disruptive innovation and the rise of an informal tourism accommodation sector[J]. Current Issues in Tourism, 2013, 21: 1-26.

[83] Guttentag D . Airbnb: disruptive innovation and the rise of an informal tourism accommodation sector[J]. Current issues in tourism, 2015, 18(9-12):1192-1217.

[84] Hair J F, Sarstedt M, Ringle C M, et al. An assessment of the use of partial least squares structural equation modeling in marketing research[J]. Journal of the Academy of Marketing Science, 2012, 40(3):414-433.

[85] Hancock K. The Accord, the labour market and the economy[J]. Journal of Industrial Relations, 2014, 56(2):273-287.

[86] Harrison R T, Dibben M R, Mason C M. The Role of Trust in the Informal Investor's Investment Decision: An Exploratory Analysis.[J].Entrepreneurship: Theory and Practice, 2000, 2(4):243-253.

[87] Hawlitschek F, Teubner T, Weinhardt C. Trust in the Sharing Economy[J]. Swiss Journal of Business Research & Practice, 2016, 70(1):26-44.

[88] Hee S P. Relationships among Attitudes And Subjective Norm: Testing The Theory Of Reasoned Action Across Cultures[J]. Communication Studies, 2000, 51(2):162-175.

[89] Heo C Y . Sharing economy and prospects in tourism research[J]. Annals of Tourism Research, 2016, 58(C):166-170.

[90] Hinkin T R. A Brief Tutorial on the Development of Measures for Use in Survey Questionnaires[J].Organizational Research Methods, 1998, 1(1):104-121.

[91] Hsu C L, Lu H P. Consumer behavior in online game communities: A motivational factor perspective[J]. Computers in Human Behavior, 2007,23(3):1642-1659.

[92] Hsu H Y, Tsou H T. Understanding customer experiences in online blog environments[J]. International Journal of Information Management, 2011, 31(6):510-523.

[93] Hui KaiLung, Tan Bernard C Y, Goh ChyanYee. Online information disclosure:

Motivators and measurements[C] Acm Transactions on Internet Technology. 2006, 6(4): 415-441.

[94] HÜSig S, Hipp C, Dowling M. Analysing Disruptive Potential: The Case of Wireless Local Area Network and Mobile Communications Network Companies[J]. R& D Management, 2005, 35(1):17-35.

[95] Jarvenpaa S L, Todd P A. Is There Future for Retailing on The Internet?[J]. Electronic Marketing and the Consumer,1997, 1(12):139-154.

[96] Jarvenpaa S L, Tractinsky N, Saarinen L. Consumer Trust in an Internet Store: A Cross-Cultural Validation[J]. Journal of Computer Mediated Communication, 1999, 5(2):10-20.

[97] Jimenez-Martinez J, Polo-Redondo Y.The Influence of EDI Adoption over Its Perceived Benefits[J]. Technovation, 2004, 24(1):73-79.

[98] Johnson D, Grayson K. Cognitive and Affective Trust In Service Relationships[J]. Journal of Business Research, 2005, 58(4):500-507.

[99] Kahneman D, Tversky A. Prospect Theory: An Analysis of Decision under Risk[J]. In Handbook of the Fundamentals of Financial Decision Making, 2013, 16:57-67.

[100] Keller A, HÜSig S. Ex Ante Identification Of Disruptive Innovations In The Software Industry Applied To Web Applications: The Case Of Microsoft's Vs. Google's Office Applications[J]. Technological Forecasting and Social Change,2009, 76(8):1044-1054.

[101] Keller K L. Conceptualizing, Measuring, and Managing Customer-Based Brand Equity[J]. The Journal of Marketing, 1993, 2: 1-22.

[102] Kenagy J. Block Disruptive Innovation: Contributing To a Value-Based Health Care System[J]. The Free Library, Physician Executive, 2001, 5: 46-50.

[103] Kim D J, Ferrin D L, Rao H R. A Trust-Based Consumer Decision-Making Model In Electronic Commerce: The Role Of Trust, Perceived Risk, And Their Antecedents[J]. Decision Support Systems,2008, 44(2):544-564.

[104] Kim D J, Song Y I, Braynov S B,etal. A Multidimensional Trust Formation Model in B-To-C E-Commerce: A Conceptual Framework and Content Analyses

of Academia[J].Decision Support Systems,2005, 40(2):143-165.

[105] Kim J B, Kang S. A Study on the Factors Affecting the Intention to Use Smartphone Banking: The Differences between the Transactions of Account Check and Account Transfer[J].International Journal Of Multimedia And Ubiquitous Engineering,2012, 7(3):87-96.

[106] Kim J H, Lennon S J. Information Available On a Web Site: Effects on Consumers' Shopping Outcomes[J]. Journal of Fashion Marketing and Management: An International Journal,2010, 14(2)； 247-262.

[107] Kim K K, Prabhakar B. Initial Trust and the Adoption of B2C E-Commerce: The Case of Internet Banking[J]. ACM Sigmis Database,2004,35(2):50-64.

[108] Kim L H, Kim D J, Leong J K. The Effect of Perceived Risk on Purchase Intention in Purchasing Airline Tickets Online[J]. Journal of Hospitality & Leisure Marketing, 2005, 13(2):33-53.

[109] Kohda Y, K Matsuda. How Do Sharing Service Providers Create Value?[J]. Proceedings of Asian on Information System, 2013, 1:27-57.

[110] Kotler N. Delivering Experience; Marketing the Museum’s Full Range of Assets[J]. Museum News, 1999, 78(3):30-35.

[111] Kotler P. How To Create, Win And Dominate Markets[M]. New York: Simon & Schuster Inc, 1999:131.

[112] Lai KW I. Hotel image and reputation on building customer loyalty: An empirical study in Macau[J]. Journal of Hospitality and Tourism Management, 2019, 38(1):111-121.

[113] Lai KW I, Hitchcock, Michael, etal. Literature review on service quality in hospitality and tourism (1984—2014): The future directions and trends[J]. International Journal of Contemporary Hospitality Management,2018, 30(1): 114-159.

[114] Lai KW Ivan, Hitchcock, Michael, etal. The influence of word-of-mouth on tourism destination choice: Tourist-resident relationship and safety perception among mainland Chinese tourists visiting Macau[J]. Sustainability,2018, 10(7):2114-2131.

[115] Lai KW Ivan Liu Y, Sun X, etal. Factors Influencing the Behavioural Intention towards Full Electric Vehicles: An Empirical Study in Macau[J]. Sustainability,2015, 7(9):12564-12585.

[116] Lamberton C P, Rose R L. When Is Ours Better than Mine? A Framework For Understanding And Altering Participation In Commercial Sharing Systems[J]. Journal of Marketing,2012, 76(4): 109-125.

[117] Law J. Actor Network Theory and Material Semiotics[J]. The New Blackwell Companion to Social Theory, 2009, 11:141-158.

[118] Lee M C. Factors Influencing The Adoption of Internet Banking: An Integration of TAM and TPB With Perceived Risk and Perceived Benefit[J]. Electronic Commerce Research and Applications,2009,8(3):130-141.

[119] Lee M C. Understanding the Behavioural Intention to Play Online Games: an Extension of the Theory of Planned Behaviour[J]. Online Information Review,2009, 33(5): 849-872.

[120] Leifer R. Radical Innovation: How Mature Companies Can Outsmart Upstarts[M]. Boston: Harvard Business Press, 2000:167-168.

[121] Leiper N.Frenchs Forest: Pearson Education Australia[J]. Tourism Management , 2004, 45:127-157.

[122] Leismann K, M Schmitt, H Rohn, etal. Collaborative Consumption: Towards a Resource-Saving Consumption Culture[J]. Resources, 2013, 2 (3): 184-203.

[123] Lettice F, Thomond, P. Allocating Resources to Disruptive Innovation Projects: Challenging Mental Models and Overcoming Management Resistance[J]. International Journal of Technology Management, 2008, 44(1/2): 140-159.

[124] Liang L J, Choi H C, Joppe M. Understanding Repurchase Intention of Airbnb Consumers: Perceived Authenticity, Electronic Word-Of-Mouth, and Price Sensitivity[J]. Journal Of Travel & Tourism Marketing, 2017, 2: 1-17.

[125] Liao C, Chen J L, Yen D C. Theory Of Planning Behavior (TPB) And Customer Satisfaction In The Continued Use Of E-Service: An Integrated Model[J]. Computers In Human Behavior, 2007, 23(6):2804-2822.

[126] Liu S Q, Mattila A S. Airbnb: Online Targeted Advertising, Sense of Power, And

Consumer Decisions[J]. International Journal of Hospitality Management, 2017, 60: 33-41.

[127] Luhmann N. Familiarity, Confidence, Trust: Problems And Alternatives[J]. Trust: Making and Breaking Cooperative Relations, 2000,6:94-107.

[128] Margherio L, Henry D, Cooke S, et al. The Emerging Digital Economy[M].New York: Department Of Commerce, 1998:121-127.

[129] Martin J, Mortimer G, Andrews L. Re-Examining Online Customer Experience to Include Purchase Frequency and Perceived Risk[J]. Journal of Retailing and Consumer Services, 2015, 25:81-95.

[130] Mayr T, Zins A H. Acceptance of Online Vs. Traditional Travel Agencies[J]. Anatolia, 2009, 20(1):164-177.

[131] Mittendorf C. Create an Uber account? an investigation of trust and perceived risk in the sharing economy[J].Journal of Customer Behaviour, 2017, 16(3):281-307.

[132] Mittendorf C, Ostermann U. Private vs. Business Customers in the Sharing Economy–The Implications of Trust, Perceived Risk, and Social Motives on Airbnb[C]// Proceedings of the 50th Hawaii International Conference on System Sciences, 2017:12.

[133] Möhlmann M. Digital trust and peer-to-peer collaborative consumption platforms: a mediation analysis[M]. New York: Social Science Electronic Publishing, 2016:72-73.

[134] Harrison Mcknight D, Chervany N. Trust and Distrust Definitions: One Bite at A Time[J]. Trust In Cyber-Societies, 2001, 1:27-54.

[135] Mcknight L R, Loper A B. The Effect of Risk And Resilience Factors on The Prediction of Delinquency in Adolescent Girls[J]. School Psychology International, 2002, 23(2):186-198.

[136] Mclaren P J, Hyde M K, White K M. Exploring The Role of Gender and Risk Perceptions in People's Decisions to Register As A Bone Marrow Donor[J]. Health Education Research,2011, 27(3):513-522.

[137] Mehrabian A, Russell J A. An approach to environmental psychology[M].

Boston: MIT, 1974:56.

[138] Meuter M L, Bitner M J, Ostrom, A L, et al. Choosing Among Alternative Service Delivery Modes: An Investigation of Customer Trial of Self-Service Technologies[J]. Journal of Marketing,2005, 69(2): 61-83.

[139] Mikhalkina T, Cabantous L. Business Model Innovation: How Iconic Business Models Emerge[M].London: Emerald Group Publishing Limited, 2015.

[140] Mohajeri B, Nybreg R, Nelson M. Collaborative Service Networks, Case Study of Uber And Airbnb[J]. Journal of Marketing, 2017, 29(2): 66-73.

[141] Möhlmann M. Collaborative Consumption: Determinants of Satisfaction And The Likelihood of Using A Sharing Economy Option Again[J]. Journal of Consumer Behaviour, 2015, 14(3): 193-207.

[142] Moloud Abdar, Neil Y Y. Understanding regional characteristics through crowd preference and confidence mining in p2p accommodation rental service[J]. Library Hi Tech, 2017, 35(6):521-541.

[143] Molz J G. Social Networking Technologies and The Moral Economy of Alternative Tourism: The Case of Couchsurfing. Org[J]. Annals of Tourism Research, 2013, 43: 210-230.

[144] Morgan R M, Hunt S D. The Commitment-Trust Theory of Relationship Marketing[J]. The Journal of Marketing, 1994, 5:20-38.

[145] Olson K. National Study Quantifies Reality of the "Sharing Economy" Movement[J]. Retrieved,2013, 8:114.

[146] Oskam J, Boswijk A. Airbnb: The Future of Networked Hospitality Businesses[J]. Journal of Tourism Futures,2016, 2(1): 22-42.

[147] Papadopoulou, P. Applying Virtual Reality for Trust-Building E-Commerce Environments[J].Virtual Reality,2007, 11(2/3):107-127.

[148] Pappas N. Effect of Marketing Activities, Benefits, Risks, Confusion Due to Over-Choice, Price, Quality and Consumer Trust on Online Tourism Purchasing[J]. Journal of Marketing Communications,2017, 23(2): 195-218.

[149] Parasuraman A, Zeithaml V A, Berry L L. Alternative Scales for Measuring Service Quality: A Comparative Assessment Based on Psychometric and

Diagnostic Criteria[M]. Munich: Gabler Verlag, 1998:77.

[150] Parker G G, Van Alstyne M W, Choudary S P. Platform Revolution: How Networked Markets Are Transforming The Economy—And How to Make Them Work for You[M]. Sydney: WW Norton & Company, 2016:165.

[151] Pavlou P A, Gefen D. Building Effective Online Marketplaces with Institution-Based Trust[J].Information Systems Research,2004, 15(1): 37-59.

[152] Pezenka I, Weismayer C, Lalicic L. Personality Impacts on the Participation in Peer-to-Peer (P2P) Travel Accommodation Services[C].Information and Communication Technologies in Tourism 2017,

[153] Ping Jr R A. A Parsimonious Estimating Technique for Interaction and Quadratic Latent Variables[J].Journal of Marketing Research, 1995, 11:336-347.

[154] Plenter F. Eliciting Value Propositions and Services in The Market for Electric Vehicle Charging[J].Business Informatics,2017, 22:127-136.

[155] Prayag G, Ozanne L K. A systematic review of peer-to-peer (p2p) accommodation sharing research from 2010 to 2016: progress and prospects from the multi-level perspective[J].Journal of Hospitality Marketing & Management, 2018, 9:1-30.

[156] Ratnasingam P. Inter-Organizational-Trust in Business to Business E-Commerce: A Case Study in Customs Clearance[J].Journal of Global Information Management ,2003, 11(1): 1-19.

[157] Ratnasingam P. Trust in Inter-Organizational Exchanges: A Case Study in Business to Business Electronic Commerce[J].Decision Support Systems,2005, 39(3):525-544.

[158] Rogers E. Diffusion of Innovations[M]. New York: The Free Press, 1983:69.

[159] Rousseau D M, Sitkin S B, Burt R S. et al. Not So Different After All: A Cross-Discipline View of Trust[J].Academy of Management Review,1998, 23(3): 393-404.

[160] Sabel C F. Studied Trust: Building New Forms of Cooperation in A Volatile Economy[J].Human Relations,1993, 46(9): 1133-1170.

[161] Saebi T, Lien L, Foss N J. Business Models for Open Innovation: Matching

Heterogeneous Open Innovation Strategies with Business Model Dimensions[J]. European Management Journal,2016, 33(3):201-213.

[162] Sainio L M, Puumalainen K. Evaluating Technology Disruptiveness in A Strategic Corporate Context: A Case Study[J]. Technological Forecasting and Social Change,2007, 74(8):1315-1333.

[163] Santos C P D, Fernandes D V D H. Antecedents and Consequences of Consumer Trust in The Context Of Service Recovery[J].BAR-Brazilian Administration Review,2008, 5(3):225-244.

[164] Sautter P, Hyman M R, Lukosius V. E-Tail Atmospherics: A Critique of The Literature and Model Extension[J].J. Electron. Commerce Res.,2004, 5(1): 14-24.

[165] Schlosser A E, White T B, Lloyd S M. Converting Web Site Visitors into Buyers: How Web Site Investment Increases Consumer Trusting Beliefs and Online Purchase Intentions[J]. Journal of Marketing,2006, 70(2): 133-148.

[166] Schmidt G M, Druehl CT. When Is A Disruptive Innovation Disruptive?[J]. Journal of Product Innovation Management,2008, 25(4):347-369.

[167] Schor J B, Attwood-Charles W. The Sharing Economy: Labor, Inequality and Sociability on For-Profit Platforms[M].London: Sociology Compass, 2017:61.

[168] Sigala M. Social CRM Capabilities and Readiness: Findings From Greek Tourism Firms. in Information and Communication Technologies in Tourism[M]. Berlin: International Publishing, 2016:177.

[169] Singh J, Sirdeshmukh D. Agency and Trust Mechanisms In Consumer Satisfaction and Loyalty Judgments[J]. Journal of The Academy of Marketing Science,2000, 28(1): 150-167.

[170] Sparks B A, Browning,V. The Impact of Online Reviews on Hotel Booking Intentions and Perception of Trust[J].Tourism Management,2011, 32(6):1310-1323.

[171] Sperling G. How Airbnb Combats Middle Class Income Stagnation[J]. Retrieved,2015, 2: 116-131.

[172] Stone E R, Yates J F, Parker, A M. Risk Communication: Absolute Versus

Relative Expressions of Low-Probability Risks[J].Organizational Behavior and Human Decision Processes, 1994, 60(3):387-408.

[173] Stone R N, Grønhaug K. Perceived Risk: Further Considerations for The Marketing Discipline[J]. European Journal of Marketing,1993,27(3):39-50.

[174] Stors N, Kagermeier A. Share Economy in Metropolitan Tourism-The Role of Authenticity Seeking[M]. New York: Metropolitan Tourism Experience Development, 2015:26.

[175] Sweeney J C, Soutar G N, Johnson L W. The Role of Perceived Risk in The Quality-Value Relationship: A Study in a Retail Environment[J].Journal of Retailing,1999, 75(1):77-105.

[176] Tan F B, Sutherland P. Online Consumer Trust: A Multi-Dimensional Model[J]. Journal of Electronic Commerce in Organizations , 2004, 2(3): 40-58.

[177] Tashakkori A, Teddlie C. Issues and Dilemmas in Teaching Research Methods Courses in Social and Behavioural Sciences: US Perspective[J].International Journal of Social Research Methodology,2003, 6(1): 61-77.

[178] Trott P. Innovation Management and New Product Development[M]. New York: Pearson Education Inc., 2008:82-83.

[179] Tussyadiah I P. An Exploratory Study on Drivers and Deterrents of Collaborative Consumption In Travel[M].Berlin: International Publishing, 2015:29.

[180] Tussyadiah I P, Park S. When guests trust hosts for their words: host description and trust in sharing economy[J].Tourism Management,2018, 67:261-272.

[181] Tussyadiah I P, Zach F. Identifying Salient Attributes of Peer-To-Peer Accommodation Experience[J].Journal of Travel & Tourism Marketing,2017, 34(5):636-652.

[182] Tussyadiah I, Inversini A. Editorial: Special Issue on Enter2015[J].Information Technology & Tourism,2015, 15(4):287-290.

[183] Tussyadish Lis P. Factors of Satisfaction and Intention to Use Peer-To-Peer Accomodation[J]. International Joual of Hospitality Management, 2016, 55:70-80.

[184] Tussyadish, Lis P, Patterns J. Impacts of Peer-To-Peer Accomodation Use on

Travel Patterns[J]. Journal of Travel Research, 2016, 55(8):1022-1040.

[185] Tversky A, Kahneman D. The Framing of Decisions and the Psychology of Choice[J].Science,1981, 211(4481):453-458.

[186] Van Dijk P. Techniek En Cultuur[J].Kerk En Vrede,1991, 46(2):10-12.

[187] Varma A, Jukic N, Pestek A, et al. Airbnb: Exciting Innovation or Passing Fad[J]. Tourism Management Perspectives,2016,20: 228-237.

[188] Verhoef P C, Neslin S A, Vroomen B. Multichannel Customer Management: Understanding the Research-Shopper Phenomenon[J]. International Journal of Research in Marketing,2007, 24(2):129-148.

[189] Vijayasarathy L R, Jones J M. Intentions to Shop Using Internet Catalogues: Exploring The Effects of Product Types, Shopping Orientations, and Attitudes Towards Computers[J].Electronic Markets,2000, 10(1): 29-38.

[190] Yan Y, Zervas G, Qin Y, et al. High Performance And Flexible FPGA-Based Time Shared Optical Network (TSON) Metro Node[J].Optics Express,2013, 21(5):5499-5504.

[191] Yousafzai S Y, Pallister J G, Foxall G R. A Proposed Model of E-Trust for Electronic Banking[J].Technovation,2000, 23(11):847-860.

[192] Zeithaml V A.Consumer Perceptions of Price, Quality, and Value: A Means-End Model and Synthesis of Evidence[J]. The Journal of Marketing, 1988, 6: 2-22.

[193] Zervas G, Proserpio D, Byers J W. The Rise of the Sharing Economy:

[194] Zhao L, Lu Y, Wang B, et al. Cultivating the Sense of Belonging And Motivating User Participation In Virtual Communities: A Social Capital Perspective[J]. International Journal of Information Management, 2012, 32(6):574-588.

[195] L Peng. A Survey on Trust Management[J]. Computer Engineering and Applications, 2004, 32: 15-27.